rowohlts monographien
begründet von Kurt Kusenberg
herausgegeben
von Wolfgang Müller

Georges Bizet

mit Selbstzeugnissen
und Bilddokumenten
dargestellt von
Christoph Schwandt

rororo

Rowohlt

Dieser Band wurde eigens für «rowohlts monographien» geschrieben
Den Anhang besorgte der Autor
Herausgeber: Wolfgang Müller
Redaktion: Uwe Naumann
Redaktionsassistenz: Katrin Finkemeier
Umschlaggestaltung: Walter Hellmann
Vorderseite: Georges Bizet. Fotografie aus den letzten Lebensjahren
(Foto: Étienne Carjat. © Roger-Viollet, Paris)
Rückseite: Célestine Galli-Marié anläßlich der Wiederaufnahme
von «Carmen» an der Opéra Comique, 1884
(Foto: Paul Nadar. © Arch. Phot. Paris/S.P.A.D.E.M.)

Veröffentlicht im Rowohlt Taschenbuch Verlag GmbH,
Reinbek bei Hamburg, November 1991

Satz Times (Linotronic 500)
Gesamtherstellung Clausen & Bosse, Leck
Printed in Germany
1080-ISBN 3 499 50375 1

Inhalt

Georges Bizet, 1863

Im Schatten seines Meisterwerks

Georges Bizet ist der Komponist der Oper *Carmen*.

Allein ihr Erfolg begründete seine Popularität, wenn auch nicht mehr zu seinen Lebzeiten. Der Komponist von *Carmen* wurde nurmehr im Lichte dieses Werks gesehen. So wurde Bizet als wichtiger Musiker seiner Zeit verkannt, indem man ihn den «Ein-Werk-Komponisten» der Operngeschichte zurechnete, wie es im deutschsprachigen Raum auch Charles Gounod («Faust»), Ruggiero Leoncavallo («I Pagliacci») und Bedřich Smetana («Die verkaufte Braut») zu Unrecht erging. *Carmen* wurde zudem nicht in der von Bizet ursprünglich intendierten Gestalt bekannt, sondern in einer bearbeiteten, einerseits um Originales gekürzten, andererseits um anderswo Entlehntes ergänzten Fassung. Gesamtschaffen und Persönlichkeit Georges Bizets blieben im Schatten der großen Aufmerksamkeit für das eine Meisterwerk.

«Ich bin überzeugt, daß *Carmen* in zehn Jahren die populärste Oper der ganzen Welt sein wird. Aber der Prophet gilt nichts in seinem Vaterland. *Carmen* hat keinen richtigen Erfolg in Paris gehabt. Bizet starb bald nach ihrer Aufführung als junger Mensch in der Blüte seiner Jahre. Wer weiß, ob nicht infolge der Enttäuschung?»[1]* So urteilte Peter I. Tschaikowsky, der sich besonders in seiner Oper «Pique Dame» auf Bizets musikalische Dramaturgie berief und auch – zum Beispiel im «Nußknacker»-Ballett – deutlich von dessen Instrumentationsstil inspiriert wurde.

Daß Bizet sozusagen an gebrochenem Komponistenherzen gestorben sei, ist vielkolportierte Spekulation; Beweise dafür gibt es nicht. Der zeitliche Zusammenhang zwischen den Schwierigkeiten eines traditonsverhafteten Publikums mit einem provozierenden Meisterwerk und dem frühen Tod eines sein Leben lang kränkelnden Künstlers paßte gut ins Klischee der Musikgeschichtsschreiber des ausgehenden 19. Jahrhunderts.

«Er lebte in bescheidenen Verhältnissen und mußte die verschiedensten Arbeiten annehmen, um Geld zu verdienen.»[2] Diese Behauptung zieht sich leitmotivisch durch biographische Anmerkungen vor allem auf den vielgelesenen Schallplattenhüllen. Richtig ist zwar, daß Bizet mit sei-

* Die hochgestellten Ziffern verweisen auf die Anmerkungen S. 139f.

Aus dem «Carmen»-Film von Ernst Lubitsch, 1918.
In der Titelrolle: Pola Negri

ner Arbeit kein reicher Mann wie Giacomo Meyerbeer geworden war und auch kein Amt, etwa als Professor, innehatte, das ihn materiell versorgte. Er hatte aber auch nie – wie Wagner – drückende Schulden und mußte nicht wie viele komponierende Zeitgenossen einem metierfremden Brotberuf nachgehen. Bizet lebte in soliden materiellen Verhältnissen und war ein von der Gesellschaft geachteter Mann, Ritter der Ehrenlegion.

Carmen wurde in der Tat die bei weitem populärste Oper. Auch die bekanntesten Bühnenwerke Mozarts, Verdis und Puccinis können nicht konkurrieren, sind sie doch alle in bestimmter Weise an das zentraleuropäische Theaterverständnis gebunden, von Wagners Werken ganz zu schweigen. Von *Carmen* hingegen gibt es sogar Schallplattenaufnahmen in chinesischer und russischer Sprache. Prosper Mérimées *Carmen*-Stoff – durch die Oper Weltliteratur geworden – wurde außerdem, von Bizets kongenialer Musik nicht mehr trennbar, auf unterschiedlichste Weise adaptiert: als Ballett mit originaler Musik wie auch mit Rodion Schtschedrins Bizet-Paraphrase[3], als Stummfilm (so 1918 von Ernst Lubitsch mit Pola Negri) mit Bizet-Klängen vom Klavier, als aufwendige Kino-Oper, als Hollywood-Musicalfilm «Carmen Jones» mit Songtexten von Oscar Hammerstein in der Regie von Otto Preminger, als alternatives Musiktheater von Peter Brook. Carlos Saura verband schließlich Tanz und Film mit *Carmen*.

So findet Bizets Musik auch durch Kino und Videokassette immer wieder neue Hörer. Georges Bizet wurde zu einem der meistgespielten Komponisten, obwohl außer *Carmen* und den beiden Suiten mit Musik aus dieser Oper, von denen nur eine original ist, allein die Orchestersuiten aus *L'Arlésienne* relativ häufig auf Konzertprogrammen mit sogenannter populärer Klassik stehen. Hier stammt wiederum die zweite nicht von Bizets eigener Hand.

Kurioserweise bekam überdies der Pariser Bizet, dessen einzige wirkliche Auslandsreise[4] nach Italien führte, durch den Schauplatz seines Erfolgswerks das Etikett, Spanien in authentischer Musik verewigt zu haben. Die *Carmen*-Musik ist aber nicht mehr und nicht weniger spanisch als die von Mozarts «Figaro» oder Beethovens «Fidelio», beides Werke, die ebenfalls in und um Sevilla spielen.

Walter Klefisch, der erste deutsche Übersetzer und Herausgeber von Bizet-Briefen, vermerkt mit Recht: «Die Geschichte seines Lebens ist daher weitgehend identisch mit der Geschichte seiner Werke.»[5] Aber auch dieser Ansatz zur Würdigung des Komponisten ist heute noch schwierig genug. Eine kritische Gesamtausgabe seiner Werke liegt nicht vor. Die einzige breitangelegte wissenschaftliche Arbeit über das, was Bizet vor *Carmen* geschaffen hat, konstatiert in diesem Sinne zurecht «eine jahrhundertlange Entstellung der Originaltexte»[6].

Bizets erste Symphonie ist ein genialisches Jugendwerk, das erst über 50 Jahre nach seinem Tod wiederentdeckt werden konnte. Sie galt bis dahin als unbedeutende Schülerarbeit, was auch noch die Fachleute glaubten, die das Manuskript dann verwahrten. Niemand hatte den Nachlaß des Künstlers inventarisiert, geschweige denn ihn für eine eventuell interessierte Nachwelt beisammengehalten. Wichtige Korrespondenz wurde von den Erben vernichtet, vieles ging im Zweiten Weltkrieg verloren, ohne vorher kritisch ausgewertet worden zu sein. Charles Pigot, der erste Biograph, berichtete elf Jahre nach dem Tod Bizets viele Fakten und

Aus dem «Carmen»-Film von Carlos Saura, 1983. In der Titelrolle: Laura del Sol

Begebenheiten, die er selbst nur von dritten erfahren haben kann, und blieb dem Usus der Zeit entsprechend Nachweise schuldig. Vieles davon darf man nach heutigem Kenntnisstand für unwahrscheinlich halten.

Im deutschen Sprachraum wurde der faire und kundige Umgang mit Georges Bizet und seinem Werk zudem dadurch erschwert, daß er namentlich durch Friedrich Nietzsche in eine unsachliche Diskussion um Wagner hereingezogen wurde. Dabei scheint Nietzsches antiwagnerische Eloge auf Bizet und *Carmen* nichts anderes als eine Caprice des Philosophen gewesen zu sein.[7] Auch sind Nietzsches Anmerkungen zu Bizets Oper mit dem Vorbehalt zu würdigen, daß er seinerzeit in Turin eine italienisch gesungene und in ihrer mangelnden Werknähe fragwürdige Aufführung erlebt hatte und seine Randglossen[8] auf die von Julius Hopp übersetzte deutsche *Carmen*-Fassung machte; Bizets Ästhetik und Dramaturgie hatte er gar nicht unentstellt kennenlernen können.

Die Fachautoren taten das ihre, indem sie Bizet – von *Carmen* abgesehen – weitgehend ignorierten. Die wenigen umfassenden Arbeiten sind meist von englischsprachigen Autoren. Mina Curtiss sammelte in den fünfziger Jahren eine Fülle von Dokumenten und Informationen, die aber letztlich nicht in eine sinnvolle Form gelangten, weil sie das Wesentliche, nämlich Bizets Musik, kaum einbezog.

In deutscher Sprache wurde neben einer fundierten Gesamtdarstellung von Leben und Werk des französischen Komponisten aus der Feder Paul Stefan-Grünfeldts, über deren Vollendung der Autor 1943 im amerikanischen Exil verstarb, nur eine weitere geschrieben, die aus der Zeit kurz nach der Jahrhundertwende datiert. Adolf Weissmann schrieb schon damals über Bizet: «...auch ihm ist das tragische Vorrecht der Großen, mißverstanden zu werden, in reichstem Maße zuteil geworden. Man begreift heute nicht warum... Wagner mißzuverstehen, hatte Deutschland ein gutes Recht; Bizet konnte nur Frankreich mißverstehen. In der Tat war Bizet fast der einzige, der Wagner begriffen hatte, um ihm auszuweichen zu können. Kaum war *Carmen* nach Deutschland gekommen, so erteilte man Frankreich eine Lektion, wie das Land seine Propheten zu ehren habe.»[9] Selbst der aller ehrenwerte Musikwissenschaftler Guido Adler kolportierte Mißverständnisse und Gerüchte, wie die angebliche Existenz von drei Symphonien Bizets neben den Orchestersuiten, und behauptet gar: «Bizet kommt von der Operette her.»[10] Auch bei Eduard Hanslick ist (wohl auf Grund schlichter Unkenntnis der Werke) von *Les pêcheurs de perles* und *La jolie fille de Perth* als «komischen Opern» zu lesen und daß ihr Komponist ein angestauntes und preisgekröntes Wunderkind gewesen sei.[11]

Bis zum Ende des 20. Jahrhunderts fanden dann zwar die übrigen Werke des *Carmen*-Komponisten etwas mehr verdiente Beachtung, die meisten grundsätzlichen Mißverständnisse um ihren Komponisten aber blieben.

1848: Der Zehnjährige am Conservatoire

Georges Bizet wurde in ein Elternhaus geboren, das ihn wie selbstverständlich auf den Weg zur Musik führte. Es war bei weitem mehr als ein «musikalisches Elternhaus» des gebildeten Bürgertums. Bei den Bizets war durch die Beschäftigung mit der Musik der Aufstieg vom einfachen Handwerkerdasein zu mittelständischem Ansehen gelungen. Der Vater Adolphe Bizet (1810–86) war aus Rouen gebürtig. Bei seiner Heirat mit der um fünf Jahre jüngeren Aimée Delsarte im Jahre 1837 – er war gerade nach Paris gezogen – gab er als Beruf noch Friseur und Perückenmacher an. Schon bei der Eintragung der Geburt des später Georges genannten Sohnes Alexandre César Léopold nannte er sich aber Gesangslehrer.

Ein Drang zur Musik war bei Adolphe Bizet zeitlebens bestimmend gewesen, die unkünstlerische Berufstätigkeit vermutlich nur eine Absicherung des realistischen Mannes, der sein nicht unbedingt herausragendes Talent richtig einzuschätzen vermochte. Einige Kompositionen[12] des alten Bizet liegen in Archiven, mehr als anekdotische Bedeutung haben sie sicherlich nicht. Als Gesangslehrer konnte Adolphe aber durchaus Erfolge vorweisen: sein Schüler Hector Gruyer hätte beinahe in der Uraufführung von Charles Gounods «Faust» die Titelpartie übernommen, war den zugegeben außergewöhnlichen Ansprüchen der Partie aber dann nicht gewachsen. Doch machte Gruyer immerhin unter dem Namen Guardi in Italien Karriere und wurde in seiner Heimat Ritter der Ehrenlegion.

Georges Bizets Mutter stammte ebenfalls aus Nordfrankreich; sie kam in Cambrai in einer Familie zur Welt, in der nicht nur der Kunst gehuldigt wurde, sondern auch anderen für bürgerliche Verhältnisse unkonventionellen Interessen. Ihr Vater Jean-Nicolas Delsarte (die eventuell italienische oder spanische Herkunft des Namens ist nicht belegt) brachte seine Familie an den Rand des Ruins, indem er sich als Erfinder versuchte, nachdem er schon als Rechtsanwalt, Cafétier und Weinhändler nicht reüssiert hatte. Auch einer seiner Söhne, François Alexandre Delsarte, wurde ein in Paris angesehener Gesangslehrer und machte sich später dadurch verdient, daß er die Werke Lullys, Glucks und Rameaus in «Les Archives du chant» wieder herausgab.

Rue de la Tour d'Auvergne, mit Bizets Geburtshaus (zweites Haus v. l.)

Musik hatte im Haus der Bizets in der Pariser Rue de la Tour d'Auvergne Nr. 26 – später zog die Familie in der gleichen Straße ein paar Häuser weiter – ihren festen Platz. Das Kind, das am 25. Oktober 1838 dort zur Welt kam, hörte später die Schüler des Vaters singen, ihn selbst Klavier spielen. Auch die Mutter soll eine gute Pianistin gewesen sein, von ihr lernte Georges schon bald nicht nur Buchstaben lesen, sondern gleichzeitig auch Noten. Georges Bizets Bindung an die Mutter war sehr eng. Die erste längere Trennung des immerhin schon Neunzehnjährigen von ihr war eine ernste Zäsur im Leben des Musikers, als er auf seine erste Reise ging, weg von der Heimatstadt über die Provence nach Italien. Georges Bizet war ein Kind der Stadt und außerdem keineswegs ein mediterraner

Typ, als den ihn die Nachwelt nicht zuletzt wegen *Carmen* und deren spanischem Kolorit gern sehen wollte.

Selbstverständlich lernte der junge Georges Klavier spielen. Dabei muß man sich vergegenwärtigen, daß das Klavier in der Mitte des 19. Jahrhunderts nicht nur ein Instrument zum Musizieren war, sondern auch das gewährleistete, was später die elektronischen Medien und Wiedergabegeräte von Tonträgern übernahmen, nämlich Symphonik und Opern durch Klavierarrangements kennenzulernen. Man kann annehmen, daß im Haus des Gesangslehrers Adolphe Bizet neben den üblichen Klassikern Mozart und Beethoven, das heißt deren Klavierkompositionen und entsprechenden zwei- oder vierhändigen Bearbeitungen der Symphonien, auch die damals gängigen Opern von Auber und Boieldieu, Bellini und Donizetti als Klavierauszüge im Notenschrank standen. Liedkompositionen nach dem Geschmack der Zeit von französischen Komponisten wie auch die für den Gesangsunterricht unerläßlichen italienischen Alten Meister werden ebenfalls vorhanden gewesen sein.

Am Klavier hat Bizet sein musikalisches Vorstellungsvermögen entwickelt, das später zum Klangfarbengespür und transparenten Orchestersatz des erwachsenen Komponisten reifte. Gewiß kam er als Kind auch in Berührung mit der Literatur, die in seiner Zeit gelesen wurde. Von mancher Seite wurde Bizet später auf diesem Sektor Ignoranz unterstellt, dafür gibt es aber ebensowenig Belege wie für tatsächliche außergewöhnliche literarische Vorlieben des Heranwachsenden, so daß man von einer herkunftsgemäßen Allgemeinbildung Bizets auch im außermusikalischen Bereich ausgehen kann, wenngleich es noch keine Schulpflicht gab. Im Kreise der Familie seines Onkels François Delsarte nahm Georges auch an Musikstunden für seine Cousins teil, die ihnen deren Mutter erteilte. Delsartes Frau Rosine war die Tochter eines bekannten Opernsängers und von Luigi Cherubini gefördert schon mit dreizehn Jahren Hilfslehrerin am Konservatorium gewesen.

Die Eltern Bizet erkannten die außergewöhnliche musikalische Auffassungsgabe des Jungen und seine starke pianistische Begabung. Nur ein einziges Mal gehörte musikalische Zusammenhänge soll er ohne Mühe auf Anhieb nachgesungen oder nachgespielt haben. Daß er in professionellem Rahmen weiter ausgebildet werden sollte stand bald fest.

Das erforderliche Mindestalter von zehn Jahren für die Aufnahme am Pariser Conservatoire, dem Daniel-François-Esprit Auber als Direktor vorstand, hatte der Junge aber noch nicht erreicht. Durch Vermittlung eines Bekannten des Vaters konnte man jedoch bei Joseph Émile Meifred vorsprechen, der Hornist und Mitglied der Studienkommission des Conservatoire war, und sich um Georges' vorzeitige Aufnahme in das Institut bemühen. Die in Frage kommenden Klassen waren alle belegt, so daß ihn zunächst Antoine François Marmontel nur im Klavierspiel unterrichtete, was wiederum durch Onkel Delsartes Beziehungen er-

Antoine Françoise Marmontel, Bizets erster Klavierlehrer

möglicht wurde. Noch vor seinem zehnten Geburtstag wurde Georges Bizet im Oktober 1848 dann offiziell als Schüler des Conservatoire aufgenommen. Im Studienfach Solfèges, der klassischen Gehör- und Gesangsgrundausbildung, errang er auf Anhieb nach dem ersten Studienjahr einen ersten Preis. (Die Konkurrenz um Preise als regelmäßige Examinierungen sind ein noch heute üblicher Bewertungsmodus, der typisch für das elite- und traditionsbezogene französische Ausbildungssystem ist.)

Aus Amerika kam 1849 ein Zwölfjähriger zur Ausbildung bei Marmontel an das Conservatoire, dem der Ruf vorausging, ein Wunderkind zu sein. Mit dem ein Jahr jüngeren Bizet schloß er rasch Freundschaft: Ernest Guiraud, der Sohn eines ausgewanderten französischen Musikers[13]; sein Ehrgeiz war es, Opernkomponist wie sein Vater zu werden. Er arbeitete an einem «Roi David», der schließlich auch 1852 in seiner Geburtsstadt New Orleans aufgeführt wurde.

Zu Bizets Konservatoriumsstunden kam bald privater Tonsatz- und Kontrapunktunterricht bei dem alten Pierre Joseph Guillaume Zimmermann, der spontan von dem Talent des neuen Schülers angetan war. Zimmermann hatte bei Luigi Cherubini gelernt; ein Schüler Zimmermanns seinerseits – und späterer Schwiegersohn – war Charles Gounod, der Zimmermann auch bisweilen bei den Stunden für Bizet vertrat. Gounod hatte damals gerade entschieden, sich nicht zum Priester weihen zu lassen, nachdem er sich längere Zeit bei den Karmelitern auf den geistlichen Stand vorbereitet hatte. So kam Georges Bizet in Kontakt mit bedeutenden Komponisten seiner Stadt, seiner Zeit – und mit deren Tradition. Charles Gounod, zwanzig Jahre älter, begleitete seinen Lebensweg als väterlich-kollegialer Freund und Förderer.

In der Februar-Revolution dieses Jahres 1848, in dem der noch nicht zehnjährige Junge seine Studien begann, hatten die republikanischen Kräfte über Louis-Philippe obsiegt. Das Geburtsjahr Georges Bizets war das achte Regierungsjahr des sogenannten «Bürgerkönigs» gewesen, wobei unter den Bürgern zuerst die Großbürger zu verstehen waren. Viele von ihnen waren Anhänger des Grafen Saint-Simon (1760–1825). Er hatte ursprünglich die Technokratie einer produzierenden Einheitsklasse über Beamte, Adel und Klerus errichtet sehen wollen. Alle sozial ausgerichteten Komponenten seiner Lehre waren aber inzwischen zugunsten eines prosperierenden Kapitalismus verlorengegangen. Im Jahr zuvor erst hatte die französische Eroberung Algeriens, 1830 begonnen, ein Ende gefunden. Im Dezember 1848 wurde der Neffe Napoleons I., Prinz Louis-Napoléon, zum Staatspräsidenten gewählt, der sich 1852 dann zum Kaiser Napoleon III. ausrufen sollte.

Paris, eine äußerlich noch von der Zeit vor der ersten Revolution geprägte Stadt, zog damals immer mehr Menschen aus der Provinz und aus dem Ausland an, so daß Napoleon III. mit Hilfe des Präfekten des Seine-Départements Georges-Eugène Haussmann daran ging, durch eine großzügige und radikale Sanierung eine neue Stadt zu schaffen. Paris wuchs immer weiter und sollte 1860 schließlich 1,7 Millionen Einwohner haben. (In Berlin lebten zur gleichen Zeit nicht einmal ein Drittel soviel Menschen.) Die Stadt, die der heranwachsende Bizet tagtäglich erlebte, war bestimmt von gigantischen stadtplanerischen Maßnahmen: alte Straßen und Viertel wurden abgerissen, um Platz für das neue großzügige System von Boulevards, Avenuen und Straßen zu schaffen, das noch heute das Erscheinungsbild der französischen Metropole charakterisiert. Diese zum Teil brutalen Eingriffe in ein gewachsenes Gemeinwesen waren allerdings nicht nur sachlich – vor allem hygienisch (wegen der Kanalisation) und verkehrstechnisch – bedingt, das neue Paris war eine Prestigeangelegenheit der Grande Nation. Der neue urbane Lebensstil galt als Inbegriff der Zivilisation. Ein größerer Gegensatz zum Leben auf dem Lande war nicht vorstellbar als der, den man erlebte, wenn man aus der Provinz in das Paris dieser Jahre kam. Napoleon III. wollte die schönste und modernste Hauptstadt haben, auch als metropole Kulturzentrale. Haussmann ließ schließlich auch das Palais Garnier planen, das neue Haus der

Grand Opéra. Diese von Ludwig XIV. als Académie Royale de la Musique ins Leben gerufene erste Pariser Opernbühne spielte in der Rue Lepeletier; die Opéra Comique in der Rue Favart gab es daneben als Institution bereits seit über 100 Jahren.

Opéra comique bezeichnet zugleich die Gattung eines musikalischen Bühnenwerks mit gesprochenen Dialogen. Anfänglich waren es auch in der Tat auschließlich heitere Stoffe, die in opéra comiques dargestellt wurden. Ihre «Musiknummern» waren in sich geschlossener und eingängiger als die Arien und Ensembles der grand opéra, wo der übergeordnete musikalische Zusammenhang zwar stärker, der äußere Effekt aber auch wichtiger war als die Dynamik der Spielhandlung. In der grand opéra konnte man den affirmativen künstlerischen Ausdruck des Selbstver-

Abrißarbeiten
für das neue Paris

ständnisses der Restaurations-Zeit erkennen, wie später die Werke Jacques Offenbachs kritisches Spiegelbild des Zweiten Kaiserreichs werden sollten. Sie entwickelten sich aus der heiteren Komponente der opéra comique. In der opéra comique selbst standen mittlerweile ernste Stoffe und Charaktere den buffonesken gleichberechtigt gegenüber.

Auf den Spielplänen standen in den Jahren, als das Interesse des Konservatoriumsschülers Bizet an der Oper erwachte, Erfolgsstücke wie Boieldieus «La dame blanche», Aubers «La muette de Portici» und Werke von Hérold, Méhul, Fromental Halévy, Adolphe Adam, aber auch Operetten von Florimond Hervé und bald schon von Offenbach. In Georges Bizets Geburtsjahr 1838 vollendete Hector Berlioz seine Oper «Benvenuto Cellini», nachdem er acht Jahre zuvor ein weit in die Zukunft weisendes Schlüsselwerk, die «Symphonie fantastique», geschaffen hatte. 1836 hatte Paris die Uraufführung von Meyerbeers «Hugenotten» erlebt. Neben den französischen Komponisten spielte man auch Luigi Cherubini und Gasparo Spontini, die aber zur französischen Operntradition gerechnet werden müssen. Die Opern von Vincenzo Bellini, Gaetano Donizetti und Gioacchino Rossini und heute weniger bekannter italienischer Komponisten wurden in Paris ebenfalls dargeboten, zumeist von speziellen italienischen Opernkompanien. Donizetti und Rossini hatten für Paris auch Opern in italienischer Sprache in stilistischer Annäherung an die dortigen Konventionen geschrieben.[14] In Deutschland war es die Zeit Webers, Marschners, Lortzings, von Flotows, des jungen Wagner und ebenfalls Meyerbeers.

Bizets zum Teil widersprüchliche spätere Äußerungen über die Opernkomponisten, die in seiner Jugend die Spielpläne bestimmten, muß man auch vor dem Hintergrund sehen, daß viele von ihnen lebende Zeitgenossen waren, die man naturgemäß mit anderem Maßstab beurteilte als verstorbene. Mozarts Opern jedenfalls galt in allen Lebensabschnitten seine größte Bewunderung.

Erste Kompositionen des Studenten Bizet, die erhalten sind, werden auf das Frühjahr 1850 datiert. Es handelt sich bezeichnenderweise um Vokalisen, also Gesangsetüden, die wohl für Schüler des Vaters geschrieben wurden. Auch kleine Klavierstücke entstanden in den frühen Konservatoriumsjahren, 1851 war er im Publikum, als Gounods neue Oper «Sappho» uraufgeführt wurde.

Er konzentrierte sich aber bei allem erwachenden Interesse am Theater auf die Studien bei Marmontel. Das Klavier war das Instrument, mit dem er sich einerseits selbst ausdrücken konnte, mit dem er andererseits die Musik anderer entdeckte. Ein pianistisches Wunderkind im Virtuosensinne wird er bei aller herausragenden Begabung aber wohl nicht gewesen sein, denn ein premier prix blieb ihm 1851 beim ersten Versuch, ihn – immerhin mit Chopins f-moll-Konzert – zu erlangen, versagt. Beim zweiten Versuch mußte er ihn sich dann mit einem anderen teilen.

Nach knapp vier Studienjahren bei Marmontel, wo er sich das zentrale pianistische Repertoire, also Bach, Mozart, Beethoven, Händel und Werke der französischen Clavecinisten erarbeitete, wechselte Georges Bizet 1852 in die Orgelklasse von François Benoist. Bizet war durch seine Eltern in keiner Weise religiös erzogen worden. Adolphe Bizet gehörte der antirömischen Église Catholique Française an. Der Weg führte sicherlich aus rein musikalischem Interesse zur Orgelbank und nicht wie bei anderen Komponisten aus der Koinzidenz von Musikalität und Bekenntnis. Wichtig für den jungen Musiker war nicht zuletzt die Unterweisung in der Kunstfertigkeit der Fuge, die mit den Stunden bei Benoist einherging. Dieser war früher chef de chant, also Verantwortlicher für das Partienstudium der Solisten, an der Opéra gewesen. Benoist hatte sich auch als

Das Conservatoire

Komponist im weltlichen Bereich versucht und 1839 zusammen mit Ambroise Thomas ein Ballett «Die Zigeunerin» komponiert.

Bizet hatte, obwohl sich die Affinität zur Vokalmusik immer deutlicher abzeichnete, keinen Hang zur geistlichen Musik. Auch der Einfluß des frommen Charles Gounod sollte daran nichts ändern. Daß die Nachwelt Melodien Bizets liturgische Texte unterlegte, hätte den Komponisten wahrscheinlich amüsiert.

1853 starb Zimmermann, und Bizet fand einen neuen Kompositionslehrer in Jacques François Fromental Élie Halévy. Dessen Vater hatte noch den Namen Lévy getragen und war aus dem fränkischen Fürth nach Paris gekommen. Halévy, 1799 in Paris geboren, lehrte schon seit zwanzig Jahren am Conservatoire, wo er auch selbst studiert hatte, wie Bizet schon vor Vollendung des zehnten Lebensjahrs aufgenommen. Er war wie Zimmermann Schüler Cherubinis und hatte an der Opéra von 1833 bis 1845 als chef de chant gewirkt. Halévy schrieb etliche heitere Opern[15] im Nachfolgestil Aubers und Boieldieus. Sein größter und andauernder Erfolg war aber «La juive» («Die Jüdin»), uraufgeführt 1835. Dieses

Werk ist eine grand opéra ganz nach Meyerbeers Vorbild, also ein umfangreiches, in jeder Hinsicht dramatisches und vor allem aufwendiges Werk in fünf Akten. Richard Wagner wertete Halévys Talent als «pathetisch und hochtragisch» und fand, daß das «Gemeine und Triviale... vollkommen gebannt; der Zuschnitt immer auf das Ganze berechnet» sei, und erkannte in seiner Musik die «dramatische Melodie».[16]

Der Stil dieser Großen Oper hatte zu der Zeit, als Bizet Halévys Schüler wurde, seinen kreativen Zenit schon lange hinter sich. Meyerbeer hatte auf eigene Art die starre Form der Nummernoper zugunsten der dramatischen Wirkung überwunden. Seine musikalische Erfindungskraft war aber letztlich seinem souveränen Bühneninstinkt nicht ebenbürtig. Er hatte den zwischenrevolutionären «Zeitgeist» und den Geschmack des sich etablierenden städtischen Bürgertums geschickt getroffen und die Nachfrage nach repräsentativen coups de théâtre bedient.

Heinrich Heine, der seit 1831 in Paris lebte, hatte 1847 anläßlich der Pariser Premiere der Oper «I due Foscari» des jungen Giuseppe Verdi festgestellt: «Ob sie ein Meisterstück sind, will ich dahingestellt sein lassen, aber es lebt in ihnen ein frischer Lebensatem, und auch die Faktur ist original. In Ermangelung des Guten befriedigt sich das Publikum an dem Neuen. Verdi ist jetzt der Mann des Tages in der musikalischen Welt, seitdem Bellini gestorben, Rossini und Donizetti bei lebendigem Leibe tot sind und Meyerbeer ebenfalls schon das fatale hippokratische Zeichen im Antlitz trägt. In der Gunst des hiesigen Publikums hat der letztere beinahe schon aufgehört zu leben. Wie gerne wir es auch verschwiegen, so müssen wir doch endlich gestehen, daß der Meyerbeersche Ruhm, diese ebenso künstliche als kostspielige Maschine, etwas in Stockung geraten. Ist in dem feinen Getriebe irgendeine Schraube oder Stiftchen losgegangen?»[17]

Und auch die opéra comique hatte sich in ihrer einstmals hochgeschätzten Form überlebt; die Zeit für Jacques Offenbach und sein neues unterhaltendes Musiktheater war gekommen. – Der fünfzehnjährige Bizet mag sicherlich gespürt haben, daß die Tage der bisherigen Opernformen vorbei waren, als er Schüler eines angesehenen Opernkomponisten wurde. Auch Freund Guiraud wechselte nun in Halévys Klasse. Er sollte ein weniger erfolgreicher Opernkomponist werden, aber schließlich selbst Lehrer am traditionsträchtigen Conservatoire und seinerseits Claude Debussy, Paul Dukas und Eric Satie unterrichten.

Schon bevor Bizet Schüler Halévys wurde, waren erste Klavierstücke entstanden, die später im Nachlaß in einer Mappe mit *Compositions diverses* gefunden wurden. Man kann davon ausgehen, daß es Werke des dreizehn- bis fünfzehnjährigen Konservatoriumsschülers sind. Vier *préludes* von aphoristischer Kürze geben manchen Aufschluß über die musikalische Vorstellungskraft des Jungen. Das erste *prélude* beginnt bezeichnenderweise ganz unpianistisch wie die Ouvertüre in einem Opernklavierauszug

Die Pariser Opéra, Rue Lepeletier

mit einem fanfarenartigen Einklangsmotiv. Man erkennt schnell, daß Chopin bei der Behandlung der linken Hand, aber auch Bach mit polyphonen Wendungen Pate gestanden haben mögen. Besonders die pathetischen Schlußpassagen bekräftigen den Eindruck, daß es sich nicht um im ureigenen Sinne so intendierte Klaviermusik handelt, sondern um orchestral gedachte Skizzen eines hochbegabten Kompositionsstudenten, dem noch keine anderen Ausdrucksmittel als das Tasteninstrument zur Verfügung standen. In keinem Moment zeigt Bizet, der die klassischen und vorklassischen Vorbilder und Formprinzipien genau studiert hatte, den Ehrgeiz, die tradierten Formen aufs Neue zu erfüllen, etwa in dem Sinne, wie es von vielen bedeutenden Komponisten Jugendwerke gibt, die durch nichts anderes gekennzeichnet sind als den Willen, zum Beispiel eine Sonate zu schreiben.

Bizets erste *Valse en ut majeur* beruft sich durch Tonrepetitionen, charakteristische Vorhalte und die durch die Melodiebildung und Begleitfiguren naheliegende Agogik wiederum auf Chopin. Erhalten ist aus diesen Anfängerjahren auch ein kurzes Stück mit dem Titel *Theme*, das mit ausholendem Gestus und pianistischer Emphase darauf hindeutet, daß es ein Thema für geplante Variationen hätte sein können. Auch die wirkungsvolle Schlichtheit des Kopfmotivs ließe darauf schließen. Es blieb aber beim Thema, Bizet schrieb nicht weiter, wie es auch bis auf eine auffällige Ausnahme keine weiteren Variationssätze von ihm gibt, die immer Übungsobjekt angehender Komponisten waren. Er schrieb aber *Romances sans paroles*, also die beliebten *Lieder ohne Worte*.

Im September 1854 setzt der Fünfzehnjährige ein wichtiges Zeichen: ein Werk bekommt die Numerierung *opus 1*. Dabei ist es eine weniger originelle Schöpfung als manche der früheren. Diese *Grande Valse de concert* ist aber ein zumindest formal ausgereiftes Werk und mit dem vergleichbar, was in diesem gebräuchlichen Genre zur damaligen Zeit allenthalben zu hören war. Ein etwa siebenminütiges Klavierstück, das *Première Nocturne en fa majeur*, datiert ebenfalls aus dem Jahre 1854 und zeigt ungleich mehr schöpferische Individualität.

Um diese Zeit beschäftigt Bizet sich auch zum erstenmal[18] damit, Worte und Musik zu verknüpfen. Zwei kleine Liedkompositionen (*Petite Marguerite* und *La rose et l'abeille*, *Kleine Margerite* und *Die Rose und die Biene*) kann der gerade sechzehn Jahre alte Komponist am Ende desselben Jahres sogar gedruckt sehen. Sie werden zusammen mit Kompositionen des Vaters im «Magasin de Musique du Conservatoire Mme. Cendrier, Éditeur» veröffentlicht.

Etwas später können ebenfalls durch die guten Beziehungen des Vaters drei kleine Klavierstücke in einer Edition namens «Albums de musique» erscheinen, die für die Subskribenten des monatlichen «Magasin des Familles», einer Art französischer «Gartenlaube», bestimmt ist. Der haus-

Bizets opus 1, Grande Valse de concert, 1854

Jacques Fromental Halévy

musikalische Schwierigkeitsgrad und die Titel der drei Stücke sind offenbar ein Tribut an den Publikumsgeschmack und die geschäftliche und somit nicht minder professionelle Seite der Arbeit des jungen Künstlers: Einem *Lied ohne Worte* folgt eine mazurkaähnliche Episode mit dem Titel *Casilda*, die sich wohl auf das Gedicht «Sainte Casilde» von Théophile Gautier bezieht[19], in dem die Heilige auf einem Bild in einer Kirche zu Burgos beschrieben wird. Das dritte heißt *Méditation religieuse* und kann auch auf der Orgel oder dem Harmonium dargeboten werden.

Neben den eigenen Klavierwerken schrieb Bizet nicht nur zu Studienzwecken, sondern auch zum Geldverdienen viele Arrangements und Klavierauszüge fremder Werke. Charles Gounod beauftragte den jungen Kollegen mit der Herstellung des Klavierauszugs seiner mit nur geringem Erfolg im Oktober 1854 aus der Taufe gehobenen Oper «La nonne sanglante» («Die blutrünstige Nonne»). Der Text stammte von Eugène Scribe[20], der nach unzähligen Operntexten – 38 allein für Auber – immer noch als Garant für ein bühnenwirksames Libretto galt. Bei dieser Gelegenheit lernte Bizet den Verleger Antoine Choudens kennen. Im Juni 1855 wurde an der Opéra Giuseppe Verdis «Les Vêpres siciliennes» auf einen Text von Scribe und Charles Duvevrier uraufgeführt. Gounod veröffentlichte in diesem Jahr dann seine erste Symphonie in D-Dur. Er bat Bizet, sie in einer Fassung für zwei Klaviere zu bearbeiten. Der jüngere Kollege konnte jetzt seinen sicheren Instinkt für das Umsetzen von orchestral Gedachtem in die zwei Notensysteme des Klaviers erneut beweisen.

Während Bizets knapp vierjähriger Studienzeit bei Halévy, der außerdem Vizepräsident der Académie des Beaux-Arts war, schrieb dieser die beiden Opern «Le Nabab» und «La magicienne», begann «Noé», ein Werk, das sein Schüler schließlich vollenden sollte, und komponierte drei weitere opéra comiques.[21] Über viele zeitgenössische Komponisten sind Stellungnahmen Bizets, Bewunderung und Ablehnung, überliefert, auch die bei aller Wertschätzung kritische Haltung gegenüber dem unberechenbar emotionalen Gounod. Wie Bizet zu Halévy stand, kann man nicht sinnvoll belegen. Er war wohl zu diplomatisch, um sein berufliches Fortkommen durch Kritik an ihm zu erschweren, und zu aufrichtig und selbstbewußt, um Anerkennung vorzutäuschen. Die spätere familiäre Verbindung erschwert eine objektive Einschätzung dieses Lehrer-Schüler-Verhältnisses. Halévys «dramatische Melodie» jedenfalls fand in Bizets Werk Fortführung.

Im Hause Halévy lernte Georges Bizet des Lehrers kleine Tochter Geneviève (geboren 1848) kennen. Halévys Frau Leonie, aus der wohlhabenden Bankiersfamilie Rodrigues stammend, war eine intelligente, sehr gebildete Dame. Sie litt aber unter einer psychischen Krankheit. Im Haus seines Lehrers kam es auch zur ersten Begegnung Georges Bizets mit dem vier Jahre älteren Ludovic Halévy, einem Neffen des Komponisten. Er war ein Sohn von Halévys Bruder Léon (1802–83), der eigentlich Archäologe, aber auch schriftstellerisch tätig war. Léon hatte das Libretto für Jacques Fromentals erste Oper «La dilettante d'Avignon» verfaßt.

Die heimliche Symphonie und Offenbachs Wettbewerb

1855 richtete Paris eine große Industrie-Ausstellung aus, die von der Londoner Weltausstellung 1851 inspiriert war. Im Rahmen der Festveranstaltungen, die die Bedeutung der napoleonischen Kapitale unterstreichen sollten, erlebte Bizet Ende April die feierliche Uraufführung von Hector Berlioz' monumentalem «Te Deum» in der Kirche Saint-Eustache. Vermutlich um diese Zeit versuchte sich Georges Bizet an einem Orchesterwerk, der *Ersten Ouvertüre*. 1972 wurde die Partitur, die unaufgeführt aus dem Nachlaß in die Bibliothèque Nationale gekommen war, von Antonio de Almeida herausgegeben. 1938 war sie im Rahmen der Feiern zu Bizets 100. Geburtstag in Paris bereits einmal gespielt worden.

Halévy hat nie erfahren, daß sein Schüler im November 1855 sogar eine ganze Symphonie schrieb. Der ehrwürdige Lehrer hatte außer einem Trauermarsch «Les cendres de Napoléon» («Die Asche Napoleons»), geschrieben 1840 anläßlich der Überführung der sterblichen Überreste Napoleon Bonapartes, nichts Orchestrales in seinem Werkverzeichnis vorzuweisen.

Die Arbeit am Klavierarrangement der Gounod-Symphonie wird auf jeden Fall der entscheidende Impuls gewesen sein, daß alles das, was Bizet bisher an symphonischer Musik gehört und studiert hatte, was sich in seinem wachen musikalischen Bewußtsein eingeprägt und miteinander vermischt und entwickelt hatte, sich verdichtete: er wollte die große traditionelle Form der Symphonie mit eigenen Inventionen erproben. Ist bei Gounods Symphonie Nr. 1 in den beiden ersten Sätzen Beethovens Siebte als Vorbild herauszuhören, im dritten Satz dann ein typisches Haydn-Mozart-Menuett, finden sich bei Bizet keine Imitationen. Auch die oft geäußerte Vermutung, daß Bizet seine frühe Symphonie nie veröffentlichte[22], weil er den Vorwurf des Gounod-Plagiats fürchtete, kann durch den Vergleich mit Gounods Erster widerlegt werden.

In den drei ersten Sätzen der *Symphonie in C-Dur* stellt Georges Bizet nach klassischem Vorbild jeweils zwei antagonistische musikalische Einfälle gegenüber. Das Werk beginnt mit einer schlichten und temperamentvoll unisono vorgetragenen Dreiklangsbrechung, der eine weich ausschwingende Kantilene entgegengesetzt wird. Der zweite Satz Adagio ist ein verhalten beginnender Satz mit einer immanenten Steigerung, die weit vom ruhigen Ausgangsgestus fortführt und dadurch einen deutlich nachklassischen Tonfall bekommt. Im Zentrum steht zunächst eine Oboenmelodie,

die den Ausdruck mancher exotisch-melancholischer Kantilene späterer Opernpartituren vorausnimmt. Ein kleines Fugato spricht ebenfalls für den individuellen Gestaltungswillen des jungen Komponisten, der vielleicht mit dieser Symphonie üben wollte, dem jedoch ein hochinspiriertes, in sich geschlossenes Werk gelang. Der dritte Satz ist nur Allegro überschrieben, lehnt sich aber an das typische Scherzo der großen Vorbilder an. Auch hier zwei Antagonisten, wieder eine vitale Eröffnung im orchestralen Einklang und eine gesangliche Antwort. Beide Prinzipien werden leichthändig gegeneinander ausgespielt. Der ironische Tonfall eines mit robusten Bordunquinten trioähnlichen Abschnitts verrät eine durchaus selbstbewußte Haltung zum Tradierten, was durch die diatonisch humorvolle Behandlung der Oboen unterstrichen wird.

Im vierten Satz bereitet ein schwerelos motorisches Motiv auf ein optimistisches Bläserthema vor.

Bizet läßt die Symphonie mit einer fast beethovenschen insistierenden Wendung schließen. Das Finalpathos des großen Kollegen schien er sich aber selbst nicht recht glauben zu wollen und unterbricht es kurz mit einem augenzwinkernden Flöteneinwurf.

Georges Bizets Symphonie klingt nicht gewichtig und bedeutungsvoll, aber sie ist eine Komposition mit Gewicht und Bedeutung in vielerlei Hinsicht, ihre Leichtigkeit ist nicht belanglos. Der junge Komponist zeigt sich hier als Erfinder von Melodien, als instinktsicherer Rhythmiker und vor allem als ein Instrumentationskünstler. 1933 machte der Musikwissenschaftler Jean Chantavoine auf das Manuskript in der Bibliothek des Conservatoire aufmerksam, aber niemand interessierte sich dafür. Erst 1935 konnte der britische Musikhistoriker D.C. Parker, der 1926 eine Bizet-Biographie verfaßt hatte, dann den Dirigenten Felix von Weingartner zur Uraufführung dieser 80 Jahre zuvor entstandenen Symphonie

Industrie-Ausstellung in Paris, 1855

eines inzwischen durch *Carmen* weltberühmten Komponisten in einem seiner Basler Konzerte ermutigen.

In Deutschland konnte Bizets Symphonie nach ihrer Uraufführung keine unmittelbare Anerkennung finden. Denn erst 1943 stellte Herbert Gerigk im Vorwort zur zweiten Auflage des «Lexikons der Juden in der Musik» sozusagen parteiamtlich fest, daß Bizet zwar mit der Tochter seines jüdischen Lehrers verheiratet gewesen, er selbst aber «Arier» war, allerdings «von den Juden als Rassegenosse beansprucht».[23] Darüber hinaus konstatiert Egon Voss im Zusammenhang mit der erst allmählichen Rezeption dieser Symphonie zurecht die «deutsche Neigung, eine leicht anmutende und elegant formulierte Musik für oberflächlich zu halten»[24].

Auch das Epitheton Jugendwerk stand einer Integration von Bizets früher Symphonie ins Repertoire im Wege. Dabei muß man bei aller Ehrfurcht anmerken, daß Ludwig van Beethoven im Alter von siebzehn Jahren noch nicht einmal sein allererstes der «Werke ohne Opuszahl», die anerkanntermaßen weniger bedeutende «Musik zu einem Ritterballett», zu Papier gebracht hatte; und auch im Vergleich mit der sogenannten kleinen g-moll-Symphonie (KV 183/173dB) des siebzehnjährigen Mozart kann Bizet durchaus mithalten.

Ähnlich Sergej S. Prokofjews artverwandter brillanter «Klassischer Symphonie» zählt die Bizet-Symphonie heute eher zur «Unterhaltungssymphonik» als zum akademischen Werkbestand. Bezeichnenderweise ist das Werk einem breiteren Publikum auch durch zahlreiche Ballettversionen vertraut geworden; deren berühmteste ist «Symphony in C» von George Balanchine. Elegante Bewegung und Tanz scheinen die vier Sätze mit Recht zu evozieren.

Die Symphonie soll nach Bizets Vermerk auf dem Autograph in sehr kurzer Zeit nach dem siebzehnten Geburtstag entstanden sein.[25] In dieser Lebensphase reiften auch die ersten Pläne, etwas für die Bühne zu schreiben. Von einer ersten opéra comique Bizets mit dem Titel *La Maison du Docteur* (*Das Haus des Doktors*), die im Freundeskreis aufgeführt worden sein soll, ist ein Klavierauszug erhalten. Das kleine Werk wurde nie instrumentiert.

Halévy machte seinen Schüler nun mit dem praktischen Theaterbetrieb vertraut und stellte ihn dem Direktor der Opéra Comique vor, damit er sich dort vielleicht als Korrepetitor, Pianist, als Arrangeur oder sogar als Komponist nützlich machen konnte. Halévy war es auch, der Bizet riet, sich um den Prix de Rome zu bemühen.

Das französische Kunst- und Geistesleben war dadurch geprägt, daß es nicht nur eine zentrale Kultur-Hauptstadt gab, wie sie die anderen noch nicht nationalstaatlich geeinten Länder Europas kaum kannten, sondern auch eine staatliche Institution, die als oberste wertende Instanz der etablierten Künste fungierte; diese waren zugleich in ein ähnlich dem gesamten Staat zentralistisch organisiertes und elitebewußtes Ausbildungssystem eingebunden.

An oberster Stelle stand das Institut de France, dem fünf Akademien angehörten; deren älteste war die schon 1635 gegründete Académie Française. 1816 installierte man eine Académie des Beaux-Arts; zu diesen Schönen Künsten zählte auch die Musik. Es gab ein festgelegtes Anerkennungsgefüge, nach dessen Auszeichnungen junge Künstler strebten. Der Prix de Rome war anfangs nur an Bildende Künstler vergeben worden und bestand in einem fünfjährigen Staatsstipendium, das einen zweijährigen Aufenthalt in der Villa Medici in Rom einschloß, wo Jean-Baptiste Colbert, Minister Ludwigs XIV., 1666 eine Académie de France eingerichtet hatte. Im Anschluß daran war ein Studienaufenthalt in Deutschland möglich. Später konnten sich dann auch Komponisten um den Preis, der bis 1968 vergeben wurde, bewerben, allerdings nur Studenten des Conservatoire, die noch nicht älter als dreißig waren. Hector Berlioz und Charles Gounod waren 1830 bzw. 1839 mit dem Prix de Rome ausgezeichnet worden.

Die Entscheidende der Prüfungsaufgaben für den Rom-Preis-Bewerber war die Komposition einer Kantate für eine oder mehrere Solostimmen und Orchester auf einen vorgegebenen – meist religiösen, antikhistorischen oder ritterlichen – Text. Bizet muß sich in Erwartung dessen schon einige Male in diesem Genre erprobt haben, denn es fanden sich im Nachlaß etliche Skizzen.[26] Außerdem gehörten vierstimmige Chorwerke zu den Pflichtübungen. Eine auf 1855 datierte *Valse avec chœur* ist im Kla-

«Symphony in C». Ballett von George Balanchine nach Bizets Symphonie. Aufführung der Deutschen Oper Berlin, 1969

vierauszug erhalten. Um den banalen, Walzerseligkeit beschwörenden Text macht der junge Komponist nicht viel Aufhebens und läßt schließlich nur noch *Tralala* singen.

Die musikalische Form der Kantate hatte einen festen Platz im französischen Musikleben gehabt, und ihre ersten namhaften Vertreter waren in der Barockzeit Marc-Antoine Charpentier und Rameau. Ende des 18. Jahrhunderts erlebte sie eine Renaissance, da eine Kantate revolutionäres Pathos ohne den Aufwand einer Opernaufführung vermitteln konnte. (Anders als bei den geistlichen Kantaten in Deutschland spielte der Chor hier keine bedeutende Rolle.) Zu Beginn der zweiten Hälfte des 19. Jahrhunderts galt die Kantate aber schon als ein ziemlich verstaubtes Relikt und wurde hauptsächlich des Rom-Preises wegen noch gepflegt. Später wurde eine Oper das Pflichtstück.

1856 galt es, den «David»-Kantatentext einer Mademoiselle de Montréal zu vertonen, die sich hinter einem männlichen Pseudonym versteckte. Man kann sich lebhaft vorstellen, daß Bizet, von dieser konventionellen, betulichen Vorgabe nicht sonderlich fasziniert war. Aber für den zweiten Platz, den er belegte, gab es immerhin als Trostpreis Freikarten der Pariser Bühnen.

«Le Docteur Miracle» beim Spectacle Bizet, Paris 1990

In diesem Jahr wurde in Paris das Ende des Krim-Kriegs in einem Friedensschluß mit Rußland, gegen das Frankreich zusammen mit England gekämpft hatte, besiegelt. Gustave Flaubert vollendete «Madame Bovary». Die Pariser Gesellschaft begann sich zunehmend für das, was in der Salle Choiseul geboten wurde, zu interessieren. Hier hatte sich nach ersten Schritten auf einem improvisierten kleinen Theater an den Champs-Élysées die Bouffes-Parisiens, die musikalische Unterhaltungsbühne des Jacques Offenbach, etabliert. Offenbach hatte erkannt, daß die traditionelle opéra comique am Ende war und die Grundlage für eine neue Entwicklung des heiteren Musiktheaters gelegt.

Schon 1844 hatte er seinen ersten Publikumserfolg mit einer Persiflage auf Félicien Davids «Le desert» («Die Wüste») gehabt, in der er die wachsende Orient-Manie der Pariser karikierte. Nun machte er sich Gedanken über ein Repertoire für diese neue Mischform aus Operette und Oper. Auch der achtzehnjährige Bizet bewarb sich auf einen Aufruf Offenbachs hin:

«Das Theater der Bouffes-Parisienes will versuchen, das einfache heitere Genre wiederherzustellen... In einer Oper von etwa dreiviertel Stunden Dauer, die nur drei Personen auf die Bühne bringt und nur ein Orchester von höchstens dreißig Musikern zur Verfügung hat, muß man Ideen und vollwertige Melodien haben... Um der französischen Bühne würdige Künstler zuzuführen, lade ich die jungen Komponisten zu einem kleinen Wettstreit ein. Das Theater, das ich ihnen öffne, verlangt nur drei Dinge von ihnen: Geschicklichkeit, Kenntnisse und Einfälle.»[27]

Auch hier war der Text, der vertont werden sollte, vorgegeben; die Autoren von *Docteur Miracle*, übrigens abweichend vom Aufruf Offenbachs ein Vier-Personen-Stück, waren Léon Battu und Halévys Neffe Ludovic. Einen «Doktor Mirakel» kannte man schon aus dem Theaterstück «Les contes d'Hoffmann» von Jules Barbier und Michel Carré, die diesen Namen aber nicht von E. T. A. Hoffmann übernommen hatten. Halévy selbst saß neben Auber, Gounod, Scribe und Ambroise Thomas in der Jury dieses Wettbewerbs.

Die burleske Handlung von *Le Docteur Miracle* folgt mit traditionellen Typen bewährten Mustern: Ein junger Offizier liebt die Tochter eines podestà, eines italienischen Richter-Bürgermeisters, der etwas gegen Soldaten hat und erst recht keinen solchen zum Schwiegersohn haben möchte. Er wird aber überlistet, indem der Offizier unter falschem Namen als Bediensteter in sein Haus gelangt, wo er schließlich ein Omelette zubereitet, das der podestà verspeist. Brieflich bekommt dieser dann mitgeteilt: *la vengeance est douce*, die Rache sei süß und das Omelette vergiftet gewesen. Ein Arzt muß her. Dieser lateinisch bramarbasierende Wunderdoktor, daher der Titel des Einakters, ist in Wirklichkeit niemand anderes als der Offizier, der sich als Lohn für die Heilung von der vermeintlichen Vergiftung die Hand der angebeteten Laurette ausbedingt.

Etwa achtzig Komponisten hatten sich auf Offenbachs Offerte gemeldet. Nach einer ersten Vorauswahl blieben zwölf übrig, die das Libretto zum Vertonen in die Hand bekamen. Bizet schrieb ganz im Stil des letzten Satzes der Symphonie eine quirlige, synkopenreiche Ouvertüre; und der jetzt Neunzehnjährige zeigte sich in dieser ersten Partitur für das Musiktheater immer dort am stärksten, wo er die Schwächen der Großen Oper und der traditionellen komischen Oper amüsant aufs Korn nahm. Er wußte um die Problematik des Metiers. Die italienischen Buffo-Opern der großen Vorgänger Rossini und Donizetti dienten Bizet deutlich zur Orientierung, wie auch Carl Maria von Weber bei mancher Orchesterpassage. Das skurrile Quartett *Voici l'omelette* ist ein kleines Kabinettstück unbefangenen musikalischen Humors.

Die Jury konnte sich aber nicht auf einen Favoriten einigen und vergab den ersten Preis schließlich an zwei Bewerber: an Bizet und dessen sechs Jahre älteren Studienkollegen Alexandre Charles Lecocq, der auch Schüler Benoists und Halévys war. Das Los entschied, daß Lecocqs Werk am 8. April 1857 als erstes uraufgeführt wurde, das Bizets einen Tag später. Nach den jeweils elf Vorstellungen, die der Uraufführung folgten, gerieten aber beide in Vergessenheit.

Bizet war sich allerdings sicher, daß die opéra bouffe im Stil Offenbachs nicht das Genre seiner persönlichen Zukunft war. Lecocq (1832–1918) wurde später ein populärer Operettenkomponist. Bizets Einakter kam erst 1951 in einer Konservatoriumsaufführung wieder auf eine Bühne.

Rom-Preis für «Chlodwig und Klothilde»

Mit einer Rom-Preis-Freikarte hat Bizet wahrscheinlich eine der Aufführungen von Verdis Oper «La Traviata» besucht, die drei Jahre nach der Uraufführung ihre Pariser Premiere 1856 im Théâtre des Italiens hatte. Auf keinen Fall wird dies eine gewöhnliche Premiere gewesen sein, war doch eine Aufführung der ersten Theaterversion der literarischen Vorlage für diese Oper (Alexandre Dumas' d. J. «Die Kameliendame») sechs Jahre zuvor von der französischen Zensur unterbunden worden.

Der Achtungserfolg des *Docteur Miracle* bedeutete für Bizet Zugang zu Kreisen des Pariser Kulturlebens, in denen er wichtige Bekanntschaften schließen konnte. So lernte er Gioacchino Rossini kennen, der seit 1855 in Passy lebte. Der Erfolg des «Barbiere di Siviglia» lag damals schon 40 Jahre zurück, die Uraufführung seines «Wilhelm Tell» hatte Paris 1829 erlebt. Seitdem war der Komponist sozusagen nur noch ein Denkmal seiner selbst, schrieb einige Gelegenheitswerke, die er seine «Alterssünden» nannte, und empfing in seinem Salon. Bei dem großen Gourmet speisen zu dürfen war eine begehrte gesellschaftliche Anerkennung. Rossini war natürlich bei der Eröffnung von Offenbachs Bouffes-Parisiens unter den Ehrengästen gewesen. Auch im Haus der Offenbachs fanden freitags abends Soireen statt, bei denen Bizet häufig als versierter und geschickt improvisierender Pianist zu unterhalten verstand. Der Altmeister der italienischen Buffa-Oper und der aus Deutschland zugewanderte Erneuerer des unterhaltenden Musiktheaters ermunterten Bizet, sich noch ein weiteres Mal um den Prix de Rome zu bemühen.

Inzwischen saß auch Hector Berlioz in der zuständigen Jury, der 30 Jahre zuvor bei seinem eigenen ersten Versuch, den Preis zu erhalten, mit seiner Kantate «La mort d'Orphée» gescheitert war. In seinen «Mémoires» hatte er sich schon 1848 sarkastisch über die Institution des Rom-Preises ausgelassen, vor allem weil die erste Prüfung der eingereichten Partituren durch die Akademiemitglieder aller Disziplinen äußerst oberflächlich nur nach bloßem Anhören des Klavierauszugs stattfand: «Die sechs Mitglieder der musikalischen Abteilung können dem Mangel der unvollständigen und niederträchtigen Klavieraufführung bis zu einem gewissen Grade abhelfen, indem sie die Partituren lesen; aber dieses Hilfsmittel existiert gewiß

Hector Berlioz. Fotografie von Paul Nadar, um 1856

nicht für die anderen Akademiker, da diese nichts von der Musik verstehen… Um gerecht zu sein, muß ich hinzufügen, daß, wenn bei dieser Gelegenheit die Maler, Kupferstecher usw. über Musiker zu Gericht sitzen, diese es ihnen wieder bei dem Wettbewerb für Malerei, Kupferstichkunst usw. heimzahlen…»[28]

Die Académie des Beaux-Arts bestimmte als Text für die Rom-Preis-Kantate des Jahres 1857 die Dichtung «Clovis et Clotilde» eines gewissen Amedée Burion, von dem nur bekannt ist, daß er Eisenbahnangestellter war. Die Kandidaten mußten ihre Partituren zwar in Klausur schreiben, Besuche und geselliges Beisammensein waren aber nicht verboten.

Bizets Vertonung wurde nach einigem Zögern der Jury mit dem Ersten Preis ausgezeichnet. Vergleicht man Bizets *Clovis et Clotilde* (die Partitur seiner ersten Rom-Preis-Kantate gilt als verschollen) beispielsweise mit der durchgefallenen, aber ungleich ambitionierteren Berlioz-Kantate von 1827, so drängt sich der Verdacht auf, daß der junge Komponist hier – nicht zuletzt auch zur materiellen Absicherung seiner Existenz – jedem Risiko aus dem Weg gehen wollte und mit dem Blick auf Rom eben ein Werk jener Art schuf, wie es die Maler und Kupferstecher der Jury hören wollten und begreifen konnten. Man findet zwar modische Verdi-Anklänge (besonders in der Schlußkadenz des Gebets-Duos *Vers toi monte notre prière*) und einen baritonalen Strophengesang à la Gounod – der die banale Textvorlage seltsamerweise großartig gefunden hatte –, sonst aber wenig Originelles.[29]

Gioacchino Rossini. Fotografie von Nadar, um 1856

Das mit über einer halben Stunde für Rom-Preis-Verhältnisse relativ umfangreiche Opus erlebte am 2. Oktober 1857, exakt drei Monate nach der Zuerkennung des Preises, seine erste und für über ein Jahrhundert auch einzige Aufführung. *Clovis et Clotilde* erzählt die Bekehrung des ersten Frankenkönigs Chlodwig (Clovis, Tenor) durch die katholische Burgunderprinzessin Klothilde (Sopran) und deren Vater Rémy (Bariton) im Jahre 498 zum Christentum. – In der Schlacht von Soissons (100 Kilometer nordöstlich von Paris) hatte Chlodwig 486 den Weströmer Syagrius geschlagen. Als man 1986 dort das tausendfünfhundertjährige Jubiläum dieses historischen Datums beging, entdeckten lokale Musikfreunde einen Hinweis auf Bizets Kantate und setzten sich für eine prominent besetzte Wiederaufführung des Werks in der Kathedrale von Soissons anläßlich von Bizets 150. Geburtstag ein.[30]

Mit drei ebenfalls mit dem Prix de Rome ausgezeichneten jungen Männern, einem Maler, einem Architekten und einem Oboisten, tritt Georges Bizet kurz vor Weihnachten 1857 die Reise nach Rom an. Zum erstenmal in seinem jetzt neunzehnjährigen Leben verläßt er seine Heimatstadt. Gounod, Michele Enrico Carafa[31] und Rossini geben dem jungen Musiker Empfehlungsschreiben mit. Rossini adressiert seine lobenden Worte über die außergewöhnliche Begabung des jungen Reisenden an Felice

Romani, den wichtigen Librettisten Bellinis, von dem auch die Texte zu Donizettis «L'Elisir d'amore», Verdis «Un giorno di regno» und Rossinis eigenem «Turco in Italia» stammten: «Herr Bizet... ist ein außergewöhnlicher Mensch, der es verdient, daß du und ich uns für ihn einsetzen...»[32] Er erwähnt ausdrücklich den Erfolg von *Le Docteur Miracle*.

Bizet, Charles Sellier, François-Joseph Heim und Charles Colin verlassen Paris am 21. Dezember. Bis Lyon werden sie mit der Eisenbahn gereist sein. In Avignon verbringen sie die Weihnachtstage. Bizet ist tief beeindruckt: zum erstenmal kommt er, der Stadtmensch, aufs Land, erlebt er ursprüngliche Natur. Er sieht die Hügel und Berge der Provence, den nach und nach mediterraner stimmenden Flußlauf der Rhône. Die Menschen hier sprechen eine andere Sprache, nicht das Französisch der Hauptstadt, oft sogar noch reines Provenzalisch.

Wir haben herrliche Spaziergänge gemacht, Berge, Flüsse, nichts hat uns aufgehalten, schreibt er an die Eltern. *Heim hat kein Erbarmen mit meinen Beinen, und ich hoffe, dank ihm, doch beträchtlich abzunehmen. Es ist ein wunderbarer Frühling, die Sonne scheint und der Himmel ist von einem Blau, wie wir es in Paris nur im Juli kennen. Es ist eine schöne Reise, und wenn ich euch nicht so sehr vermissen würde, wäre ich restlos glücklich, Hector*[33] *hatte recht, mir von seinem Land vorzuschwärmen. Es ist malerisch, imposant, und ein Künstler muß einfach davon profitieren...*[34]

Selbstverständlich gilt das Interesse der vier Reisenden, vor allem des Architekten Heim, auch den vielen Kulturdenkmälern, die den Reiseweg säumen. Man besucht Paläste, Kirchen und Museen, sieht die antike Arena von Orange, ein kleiner Umweg über Nîmes wird von den frühen Biographen erwähnt, dann erreicht man Arles; mehr als der Maler Sellier und als Heim wird Bizet auch in dieser Stadt vom genius loci, von ungewohnter Sprache und Gesten der Menschen in seinem Innern nachhaltig berührt gewesen sein. Er konnte seine Eindrücke nicht unmittelbar einem Skizzenblock mit Strichen und Farben anvertrauen. Fünfzehn Jahre später sollte er allerdings eine Musik komponieren, die sich mit dem Namen dieser Stadt und dem Charakter der provenzalischen Landschaft und ihrer Bewohner dauerhaft verband.

In Paris fand man damals, gelangweilt vom Weltstadt-Leben und der eilenden technischen Entwicklung des Alltags und der Industrie, zunehmend Gefallen an fernen Ländern und auch an diesem so entlegenen französischen Landstrich. In einem provenzalischen Dorf lebte Frédéric Mistral und arbeitete zu dieser Zeit dort an seinem Versepos «Mireio» (in provenzalischer Sprache), das rasch populär wurde und das Gounod später vertonte («Mireille», 1864).

Die Reisenden gelangen mit der Postkutsche über Salon und Aix nach Toulon. Dort sieht Bizet zum erstenmal das Meer. Um den Jahreswechsel erreicht man die Grenze von Piemont und Savoyen, also zum Königreich Sardinien, dessen Territorium damals Monaco und auch Nizza einschloß, das erst drei Jahre später als Gegenleistung für die Hilfe Napoleons III. bei der nationalstaatlichen Einigung Italiens französisch wurde.

In der zweiten Woche des neuen Jahres 1858 ist Florenz erreicht. Die Hauptstadt des Großherzogtums Toskana mit der Fülle ihrer Kunstschätze bezaubert die vier jungen Franzosen. Bizet nutzt die Gelegenheit, Verdis frühe Oper «I Lombardi alla prima Crociata» in ihrer originalen Fassung kennenzulernen. In Paris war sie nur in einer grundlegenden Bearbeitung als «Jérusalem» zu hören gewesen. *Florenz ist eine wunderbare Stadt! Die Museen beherbergen die schönsten Sachen von Leonardo da Vinci, Tizian etc.... Es ist ein Paradies! Es herrscht hier reges Leben, und es ist immer etwas los, aber, schade daß man es sagen muß, es gibt hier kein Talent, weder Musiker noch Schriftsteller, noch Maler, absolut niemanden. Eigenartig zu sehen, wie ein solch ruhmreiches Land in eine solche Dekadenz fallen kann.*[35] Der junge Mann aus Paris ist mit seinem Urteil sehr schnell. So zutreffend die Bewertung des aktuellen kulturellen Lebens in Italien in mancher Hinsicht sein mag, so oberflächlich kann sie aber nur gewesen sein. Aus Bizet spricht hier auch das ausgeprägte Selbstbewußtsein des frühen Zweiten Kaiserreichs.

Auf dem römischen Monte Pincio, wo die Villa Medici seit 1803 französisches Staatseigentum war, werden Bizet, Colin, Heim und Sellier am 27. Januar 1858 von Victor Schnetz willkommen geheißen. Schnetz war der amtierende Direktor der französischen Akademie zu Rom. Für dieses Amt, das vom Staat auf je sechs Jahre vergeben wurde, konnten sich nur angesehene Künstler bewerben. Schnetz war Maler; ein prominenter Vorgänger auf diesem nicht unangenehmen Posten war Jean-Auguste-Dominique Ingres gewesen. Horace Vernet (1789–1863) hatte das Zimmer, das Bizet für die ersten Wochen zugewiesen wird, im türkischen Stil mit arabischen Schriftzeichen ausgemalt.

Der ehemalige Medici-Stipendiat Gounod schrieb später: «Verteidigen wir mit allen Kräften diese edle Zufluchtsstätte, wo sich der junge Künstler fern von den früh genug über ihn hereinstürmenden Sorgen und Mühen des Daseins und geschützt vor den Verlockungen schnöder Gewinnsucht und den gemeinen Triumphen einer unwürdigen und vorübergehenden Popularität entwickeln und wo er gedeihen kann.»[36]

Georges Bizet ist vom Reiz der Villa, von der Ewigen Stadt, von der Lebensfreude der Römer und nicht zuletzt von den Römerinnen fasziniert. Zweieinhalb Jahre wird er nun in der Villa Medici wohnen, leben und vor allem studieren und arbeiten, denn die Akademie in Paris will sogenannte envois, also Einsendungen sehen.

Im Frühjahr unternimmt Bizet zusammen mit anderen Stipendiaten Ausflüge in die Berge, in Städte der Umgebung und ans Meer; er wird ein begeisterter Schwimmer, denkt dabei aber nicht immer an seine empfindliche Gesundheit. Erkältungen, Halsentzündungen und rheumatische Symptome stören bisweilen seine Unternehmungslust und Lebensfreude.

Rom, Villa Medici

Schon von unterwegs hatte er der Mutter geschrieben: *Es geht mir sehr gut, bis auf einen Schnupfen, den ich schon in Paris bekommen habe: er ist hartnäckig wie der Teufel. Ich trinke jeden Abend eine Tasse warme Milch mit Muskat: Du siehst, ich erinnere mich an Dein Rezept.*[37]

Die Briefe aus Rom, fast ausschließlich an die Mutter adressiert, sind die einzigen Selbstzeugnisse des Künstlers, die in zeitlicher Kontinuität einen verläßlichen Blick auf seine Persönlichkeit gestatten. Sie sind spontan und deutlich formuliert; einmal weist Bizet in einem Postscriptum ausdrücklich darauf hin, daß er das Geschriebene nie ein zweites Mal lese, bevor er den Brief zur Post gebe. Er ist keine zwanzig Jahre alt, zum erstenmal weg von zu Hause und lebt in einer Gemeinschaft mit anderen jungen Künstlern, dank des erhaltenen Preises zunächst aller existenziellen Sorgen ledig und in einer herrlichen Umgebung. So hat er gewiß wenig Zeit und Lust, Gedanken und Formulierungen zu Papier zu bringen, die mehr als flüchtige Tagebuchnotizen sind. Selbst die sonst sehr respektvolle Mina Curtiss nennt diese Briefe aus Rom «Schuljungen-Briefe»[38].

Es gibt viel Bewundernswertes, aber auch Ernüchterndes. Der schlechte Geschmack vergiftet Italien. Es ist ein für die Kunst vollkommen verlorenes Land, Rossini, Mozart, Weber, Paer[39]*, Cimarosa sind hier unbekannt,*

Georges Bizet. Porträt von Charles Sellier, 1857. Rom, Villa Medici

verachtet oder vergessen. Traurig! Während der Fastenzeit wird kein Theater gegeben, statt dessen gibt es schöne religiöse Feierlichkeiten in der Karwoche... die lächerlichen Madonnen unter jeder Laterne, die Wäsche zum Trocknen aus dem Fenster gehängt, der Mist in der Mitte der Piazza... Ich würde Dir gerne nur einen Moment den zauberhaften Blick aus meinem Zimmer zeigen können.[40]

Die mit dem Prix de Rome ausgezeichneten Komponisten durften sich während ihrer Stipendiatenzeit um den mit 1500 Francs dotierten Rodrigues-Preis bewerben. Georges Bizet denkt dabei vor allem an das Geld, weniger an die Ehre, kaum an die Kunst. Er möchte damit einen Umweg über die Schweiz finanzieren, wenn er die geplante Deutschland-Reise antritt; außerdem denkt er schon an die Sicherung seiner Existenz als Künstler, der nur komponiert und davon auch leben kann. Unter diesen Vorzeichen beginnt Bizet im Februar 1859 seine erste «italienische» Arbeit in seinem Studierzimmer in der Villa: er komponiert ein *Te Deum*.

Mitte April schreibt er nach Paris: *Mein Te Deum ist fast fertig, ich brauche es nur noch zu orchestrieren. Ich kann an nichts anderes mehr denken. Bald finde ich es gut, bald wieder abscheulich. Wenn etwas sicher ist, dann daß ich nicht für die Kirchenmusik geschaffen bin. Auch schrieb ich lieber keine Messe. Ich plane eine dreiaktige italienische Oper, das mag ich lieber.*[41]

Die Partitur des *Te Deum* für Sopran- und Tenorsolo, gemischten Chor und Orchester, Bizets einzigem geistlichem Werk, ist von deutlicher Italianità gekennzeichnet. Eine Anlehnung an andere ebenfalls eher pompös glorifizierende denn meditative französische Te Deum-Vertonungen von Charpentier über Gossec bis Berlioz ist erkennbar. Die lateinischen Worte des Eingangsverses betont Bizet demonstrativ französisch: *Te Deúm laudamús.* Die fast stampfenden Synkopen dieses Anfangs, die schwelgenden Kantilenen der beiden Solostimmen kommen eindeutig aus der italienischen Oper. Es handelt sich hier – wie bei Rossinis in einem Opernhaus uraufgeführten «Stabat mater»[42] – nicht um liturgische, sondern um stilisierte Kirchenmusik. Diese Unterscheidung mag Winton Dean bei seinem harschen Urteil nicht bedacht haben: «... ein erbärmliches Werk; die meiste Musik ist derart, daß man denkt, es handle sich um ordinäre Blasmusik im Hafenkonzert...»[43]

Das Sopransolo *Tu rex Gloriae, Christe* mit einem überraschenden Posaunensolo (eine Reverenz an das «Tuba mirum» aus Mozarts Requiem?) und einem insistierenden punktierten Rhythmus hat starken eigenen Charakter. Die obligatorische Fuge – hier zum Text *Fiat misericordia* – ist dagegen nicht sehr inspiriert. Funktion und Technik polyphoner Formen hatte Bizet zwar beherrschen gelernt, für das, was er von sich aus mitzuteilen hatte, brauchte er sie aber nicht. – Dem Neunzehnjährigen werden die 1500 Francs des Rodrigues-Preises[44] auch nicht zuerkannt, obwohl nur eine einzige weitere Komposition konkurrierte. Uraufgeführt wurde das *Te Deum* erst 1971 in Berlin.

Etwa ein Jahr später legt er dann ein deutliches Zeugnis über sein Verhältnis zur Kirchenmusik ab: ... *man bittet mich um Religiöses: Also gut, mache ich Religiöses, aber gottloses Religiöses. Carmen saeculare* (Lied der Jahrhundertfeier) *von Horaz reizt mich seit langem: es gibt nichts Schöneres in der lateinischen Antike...*[45] Dieser Festhymnus des Quintus Horatius Flaccus verherrlicht das augusteische Rom und dessen Gottheiten. Die antike urbs war dem Franzosen in ihrem Geist näher als das päpstliche Rom, in dem er zu Gast war.

Statt einer Messe: eine italienische opera buffa

Der ausgebliebene Erfolg seiner geistlichen Komposition mag ihn bewogen haben, sich darüber hinwegzusetzen, was die Akademie in Paris als envoi eigentlich nun von ihm erwartete: eine Messe. Bizet will seine erste Oper schreiben, eine komische überdies. Er faßt zunächst das bereits von Donizetti vertonte «Parisina»-Libretto von Felice Romani ins Auge, den er trotz der Empfehlung Rossinis aber vermutlich nicht persönlich getroffen hat, verwirft den Plan dann jedoch und sucht in Bibliotheken, Buchhandlungen und Antiquariaten.

Ich habe also eine italienische Farce in der Art des Don Pasquale gesucht und gefunden... Ich bin entschiedenermaßen für die Buffo-Musik geschaffen, und ich gebe mich ihr vollständig hin. Ich war in jeder Buchhandlung Roms, und ich habe zweihundert Stücke gelesen. Man schreibt in Italien nur Stücke für Verdi, Mercadante und Pacini. Was die anderen angeht, begnügen sie sich mit Übersetzungen französischer Opern, denn Urheberrechte werden hier nicht geschützt[46]*, und man nimmt ein Stück von Scribe, übersetzt es und unterschreibt es, ohne ein Wort zu ändern.*[47]

Die Handlung des *Don Procopio*-Librettos von Carlo Cambiaggio ist der von Domenico Cimarosas «Il matrimonio segreto» sehr ähnlich und war schon mehrfach, unter anderem von Vincenzo Fioravanti, vertont worden: Don Andronico, ein alter Geizhals, will seine begüterte Nichte mit einem Mann seines eigenen Schlags verheiraten, um das Vermögen zu sichern. Das Mädchen liebt aber einen jungen Offizier. Mit Hilfe der Mutter und des Bruders bringt sie es fertig, daß der vom Onkel ausgesuchte Freier Don Procopio sie für so unausstehlich hält, daß er freiwillig verzichtet.

Bizet komponiert kein Orchestervorspiel, sondern exponiert gleich in einem Chor das Leben im Landhaus des Onkels Andronico. Wie beim Miteinander von Soli und Chor in der Einleitung hört man in der Instrumentation wie auch in der dramaturgischen Anlage Bizets charakteristische Art, für die Handlung notwendige Bühnenstimmungen mit Geschick und Stil einzufädeln, eine Kunst, die er in *Carmen* perfektionieren wird. Er geht elegant und pointiert mit der italienischen Sprache um, die er schon in Paris zu lernen begonnen hatte, und knüpft wieder mehr an den

Tonfall der Symphonie an. Den Offizier Don Odoardo läßt er zu einem Marsch, den er aus deren letztem Satz entlehnt, auftreten (vgl. Notenbeispiel S. 26).

Zugleich bewundernswert und amüsant ist auch sein cleverer Versuch, den ersten Akt von *Don Procopio* mit einem Concertato-Finaltableau großen Zuschnitts wie der aus Verdis «La Traviata» enden zu lassen. Andererseits will er das Publikum mit einer unbeschwerten Stretta gewinnen. Er schickt sie auf den Text *Che scuro labirinto! Che strana confusione!* einfach hinterher. Rossinis «Barbier von Sevilla» ist als Vorbild unverkennbar. Das Terzett von Onkel, Bruder und Freier der Braut ist ein auffälliger dramatischer Akzent im zweiten Akt. Daneben steht ganz Konventionelles, so die Serenade des Tenors Odoardo im Donizetti-Tonfall (*Sulle piume dell'amore*), allerdings mit Gitarre und Mandoline gleichzeitig und zwei Englischhörnern originell begleitet. *Das Einzige, das ich mache und was Papa erfreuen wird, ist italienische Musik. Unmöglich etwas anderes mit diesen italienischen Wörtern zu machen. Und der Himmel und das Klima machen auch ihren Einfluß geltend.*[48]

Das Manuskript wird nach Paris geschickt. Zunächst kommt von dort ein positiver Bescheid, der die Qualitäten der Oper anerkennt: «Zusammengefaßt, diese Arbeit unterscheidet sich durch einen leichten und brillanten Tonfall, einen jungen und kühnen Stil, wertvolle Qualitäten für das komische Genre, worauf uns der Autor mit besonderer Hingabe verweist. Diese Qualitäten versprechen neue Anstrengungen...»[49] Bizet ist erleichtert und fühlt sich in dem eingeschlagenen Weg bestätigt. Während er an seiner komischen Oper arbeitete, setzte in Paris Offenbach mit der Uraufführung der Erstfassung seines «Orpheus in der Unterwelt» einen wichtigen Aktzent für die weitere Entwicklung in diesem Genre.

Der junge Musiker in der Villa Medici hat viele Pläne, will eine weitere Symphonie schreiben, macht Opernskizzen, verwirft sie wieder. Shakespeare fasziniert ihn, er denkt an einen «Hamlet» oder eine «Esmeralda», also eine «Notre Dame»-Oper nach Victor Hugo mit einer Zigeunerin als Titelheldin, oder einen heiteren «Don Quijote»; auch eine opéra comique nach Molières «L'amour peintre» wird erwogen, und eine Erzählung von E. T. A. Hoffmann reizt ihn. Er schreibt der Mutter: *Nimm Dir in der Bibliothek die Erzählungen von Hoffmann und lies den «Tonnelier de Nuremberg». Ich möchte gern einen Dreiakter aus dieser schönen Dichtung machen... der «Sängerwettstreit» würde eine ziemlich originelle Szene mit einem gewissen Effekt werden.*[50] Wagners «Tannhäuser und der Sängerkrieg auf Wartburg» konnte Bizet zu dieser Zeit noch nicht gesehen haben, einzelne Musikstücke daraus waren ihm sicherlich bekannt; «Die Meistersinger von Nürnberg» waren noch nicht geschrieben. (Nur in einer «Mitteilung an meine Freunde» war der Plan schon erwähnt worden, erst 1861 begann Wagner – in Paris – mit der Niederschrift des Textbuchs.) Der junge Franzose auf dem sonnigen Monte Pin-

Georges Bizet. Gemälde von Félix Henri Giacomotti, 1860

cio verwarf die Idee, E. T. A. Hoffmanns «Meister Martin der Küfner und seine Gesellen» aus den Kellern des altfränkischen Nürnberg zu vertonen, dann aber.

«Le Tonnelier de Nuremberg» fand wie auch andere Titel, die Bizet als mögliche Opernstoffe erwähnte, Aufnahme in manches Werkverzeichnis. So bildete sich die Legende von vielen unvollendeten Opern aus seiner Hand. Winton Dean zählt sie sogar bis zur laufenden Nummer 31, wobei er kurioserweise eine Nr. 22 auf einen «kaukasischen Stoff» erwähnt, deren Titel, Textdichter und Quellenlage dann aber als «unbekannt» angegeben werden müssen.

Das Klavier, der Ausgangspunkt von Bizets musikalischem Weg, spielt immer weniger die Rolle des Konzertinstruments, sondern dient als Medium, sich selbst orchestrale Klangvorstellungen plastischer darstellen zu können und die Werke anderer zu studieren. Aber auch in Rom übt und konzertiert Bizet, letzteres vorwiegend im Kreise der Medici-Stipendiaten und bei gesellschaftlichen Anlässen, wo er natürlich ein attraktiverer Unterhalter ist als seine Kollegen Maler und Architekten. Der Mentor Schnetz schätzt ihn.

Nur drei kleine jeweils gut dreiminütige Kompositionen für Klavier sind vermutlich während Bizets Rom-Zeit entstanden. In der ersten der *Trois Esquisses* (*Drei Skizzen*), einer *Ronde Turque*, schlägt er einen «exotischen» Tonfall an, vielleicht eine Reminiszenz an die Nächte im türkischen Zimmer der Villa.

Die Türkei, die Bizet beschwört, hat nichts mit dem Mozartschen alla turca-Stil, nichts mit klingelnder Janitscharenmusik zu tun, hier ist mehr orientalisch-zauberische Melancholie intendiert, die schließlich durch ein in diesem Zusammenhang befremdendes Fugato kontrastiert wird. Das *Caprice* dieser kleinen Trilogie kommt im musikantisch bewegten Stil der Symphonie daher, besonders ihr Schluß ist auffallend unpianistisch, eher opernhaft.

Durch die Briefe, die ihm die Mutter schreibt, und die aus Paris kommenden Besucher der Villa Medici erfährt er im folgenden Frühjahr vom Erfolg des am 19. März 1859 uraufgeführten «Faust» von Charles Gounod, der seit der «Nonne sanglante» von 1854 nur eine mäßig erfolgreiche Molière-Adaption («Le Médecin malgré lui», 1858) für die Bühne komponiert hatte, und von Freund Hector Gruyers Scheitern in der Titelpartie. Gounod hatte mit «Faust» einen neuen Operntypus geschaffen, das sogenannte drame lyrique, das wie die opéra comique gesprochene Dialoge enthält. Hier verband sich die dramaturgische Stringenz der opéra comique aber mit dem gestalterischen Ausdrucksanspruch der grand opéra. Bizet studierte den «Faust» bald sehr gründlich. Er konnte eine für seine eigene Entwicklung wichtige Metamorphose des Musiktheaters zwischen opéra comique und grand opéra erkennen. Gounods elegantes Pathos und seine emphatische Religiosität waren Eckpfeiler des Erfolgs dieser Oper.

Die Stipendiaten widmeten sich ihren Künsten, genossen das Leben in mediterraner Gelassenheit und sorgten sich wenig um die aktuelle Politik. Dabei waren sie in Rom im Epizentrum umwälzender politischer Entwicklungen in Europa. Im Januar 1858 hatte der Italiener Felice Orsini ein Attentat auf Napoleon III. verübt, das den heil davongekommenen Kaiser dazu bewog, sich entschiedener in die nationalstaatliche Einigung Italiens einzumischen, hatte er doch gelobt, als er selbst noch Emigrant war, sich für die Freiheit des habsburgisch kontrollierten Italien einzusetzen. Anfang Mai 1859 war Frankreich Sardinien-Piemont zu Hilfe gekommen und erklärte an seiner Seite Österreich den Krieg. Die Österreicher räumten Mailand, die habsburgischen Herzöge von Florenz und Modena flohen. Kaiser Franz Joseph I. unterlag schließlich in der blutigsten Schlacht des Jahrhunderts bei Solferino in der Provinz Mantua am 24. Juni 1859 – Italien wird als Nationalstaat aber letztlich ohne Mitwirkung Napoleons III. entstehen, Rom erst 1871 zur Hauptstadt. Der französische Kaiser unterstützte nämlich gleichzeitig auch die Interessen des Papstes. Bizet lebte nun in einer Stadt, die Kapitale des Kirchenstaats von Pius IX. war, deren meiste Bürger allerdings lieber Vittorio Emanuele von Savoyen als König einziehen sehen wollten.

Bizets überlieferte politische Meinung ist nicht nur in diesen Tagen ziemlich ambivalent. Einerseits ist er Franzose, andererseits ein unangepaßter Individualist, der nicht zuletzt von der charismatischen Wirkung des italienischen Kollegen Giuseppe Verdi beeindruckt ist, dessen Name zur Parole wurde: «V.E.R.D.I. – Vittorio Emanuele Re d'Italia». Der fünfundvierzigjährige Verdi wird im September des Jahres 1859 zum Deputierten in Parma gewählt und in Turin von Vittorio Emanuele empfangen. Verdis jüngste Oper «Un ballo in maschera» («Ein Maskenball») hatte Bizet aber gar nicht gefallen. *Kürzlich spielte man eine neue Oper von Verdi. Krankhaft! Die Sänger, das Orchester, die Ausstattung – Erbarmen!!!*[51] Vielleicht war er doch zu sehr durch das konventionelle Vorbild Aubers, der den gleichen Stoff[52] vertont hatte, voreingenommen.

Seine Einschätzung des erfolgreichen italienischen Kollegen ist zwiespältig und von jugendlicher Unausgegorenheit. Bizet erkennt die Bedeutung und Vitalität der Opern Verdis, imitiert sie sogar, beneidet ihn aber wohl nicht zuletzt um seine ungleich unproblematischere Bindung an die Tradition. Verdi war – wie Wagner – auch nicht mit Institutionen konfrontiert, die seine Kunst bewerteten, wie die Akademie die Arbeit Bizets. Schon in einem früheren Brief aus Rom hatte Bizet merkwürdig über Verdi geurteilt: *Mehr denn je bin ich überzeugt, daß Mozart und Rossini die beiden größten Musiker sind. Die Gaben Beethovens und Meyerbeers bewundernd, spüre ich, daß meine Natur mich dazu bringt, eher die reine und einfache Kunst zu lieben als die dramatische Leidenschaft. Ebenso in der Malerei: Raffael ist derselbe Mensch wie Mozart, Meyerbeer scheint wie Michelangelo zu sein. Aber nimm mich nicht gar so ernst; im*

Giuseppe Verdi.
Fotografie von Nadar,
um 1860

Gegenteil, ich bin an einem Punkt angelangt anzuerkennen, daß Verdi ein engagiertes Genie ist, das sich auf dem bejammernswertesten Weg befindet, der jemals begangen wurde.[53] Der Vergleich Meyerbeers mit Michelangelo und Beethoven ist ein deutliches Indiz für Bizets noch geringe Emanzipation vom traditionellen Wertempfinden seiner Zeit und seiner Heimatstadt.

Auffällig war Bizets große Bewunderung für die Werke Raffaello Santis, die in vielen Briefstellen dokumentiert ist: *Raffael, der größte Bildhauer und Architekt Italiens, muß, sage ich, allen anderen vorgezogen werden. Er ist überhaupt der König der Kunst.*[54]

Im März 1860 kommt für Bizet dann unerwartet eine herbe Enttäuschung. Die konservativen Formalisten in der Pariser Akademie, die ja eine Messe erwartet hatten, haben sich doch durchgesetzt, und er bekommt eine Rüge für *Don Procopio*: «Wir müssen Herrn Bizet tadeln, eine opera buffa gemacht zu haben, wo eine Messe vorgesehen war. Wir werden ihn daran erinnern, daß die muntersten Wesen in der geistigen Auseinandersetzung und in der Interpretation sublimer Werke als auch einfacher Arbeiten einen eindeutigen, unabdingbaren Stil finden, ohne die ein Werk niemals von Dauer sein kann.»[55] Der Getadelte nimmt sich die von Ambroise Thomas unterzeichnete Warnung zu Herzen und paßt sich den Erwartungen an, denn schließlich will er vom Komponieren le-

Szene aus «Don Procopio». Aufführung der Pariser Opernschule im Rahmen des Spectacle Bizet, Opéra Comique 1990

ben, was fürs erste nur mit Unterstützung der in der Akademie etablierten Kräfte möglich ist. Akademiedirektor Auber behält die Partitur des *Don Procopio* bei sich und vergißt sie. Sie geht in den zahllosen eigenen und fremden Noten seines Nachlasses unter.

Bizet erlebte keine Aufführung seiner ersten Oper. Erst nach der Jahrhundertwende entdeckte sie der Musikwissenschaftler und Opéra-Bibliothekar Charles Malherbe wieder. Er machte aus der italienischen opera buffa eine Art französischer opéra comique mit eingefügten Rezitativen, die 1906 in Monte Carlo erstaufgeführt wurde. Außerdem komponierte er ein ganzes «Intermezzo sinfonico» nach Bizet-Motiven. Die erste Aufführung von *Don Procopio* in der italienischen Originalsprache des Werks fand dann 1908 im Teatro Costanzi in Rom statt. Die erste Schallplattenaufnahme entstand 1962 in russischer Übersetzung in der Sowjetunion.[56] Daß *Don Procopio* nicht wenigstens nachträglich Eingang in das landläufige Opernrepertoire gefunden hat, ist bedauerlich, zumal es auch für kleinere Theater ein realisierbares Werk ist. Allerdings wäre zu prüfen, was von Malherbes gravierenden Eingriffen und Hinzufügungen – denn nur in seiner Version ist das Werk zugänglich – hinzunehmen ist.

«Vasco da Gama» und «Roma»

Im Sommer 1859 war Bizet mit seinen Kollegen nach Neapel und Pompeji gereist; auf dem Rückweg nach Rom besuchte man auch Terracina am Golf von Gaeta. Den Namen dieser Stadt gut 100 Kilometer südlich von Rom kannte in Frankreich jeder Opernbesucher, denn Terracina ist der Schauplatz von Aubers «Fra Diavolo». Der alten Stadt am Meer ist das Kap Circeo vorgelagert, das legendäre Reich der Zauberin Circe. Auch Bizet ist wie viele Musiker vor ihm von dieser Episode der Homerschen «Odyssee» an Ort und Stelle besonders fasziniert. Als Vierzehnjähriger hatte er eine Dramatisierung des Stoffs von François Ponsard mit Bühnenmusik von Gounod an der Comédie-Française gesehen. Er konzipiert eine ode symphonie, eine Art dramatischer Kantate. Solche symphonischen Oden zum Beispiel von Cherubini hatte Bizet schon als Konservatoriumsstudent kennengelernt. Eine der populärsten Kompositionen dieser Gattung war Félicien Davids «Le Désert». David war der erste gewesen, der mit exotischen Klängen und Melodien den in der Malerei schon lange gepflogenen Orientalismus auch in der französischen Musik etablierte. Er konnte sich dabei sogar auf authentische Eindrücke stützen. Als Saint-Simonist politisch verfolgt, hatte er 1833 bis 1835 unter zum Teil abenteuerlichen Bedingungen den Nahen Osten bereist.

Bizet hofft nun, mit einer ode symphonie die alten Herren in Paris – *Reber*[57] *ist zu blöd, Berlioz abwesend, Auber schläft, nur Carafa und Clapisson*[58] *hören zu (welch ein Unglück)* . . .[59] – wieder geneigt zu machen. Von den beiden letztgenannten hält er besonders wenig. Der Brief, den ihm Carafa mitgegeben hatte, erwies sich nämlich als alles andere als ein Empfehlungsschreiben. Bizets bereits in Paris erprobte, am Klavier vorgetragene Parodie auf den Kompositionsstil des anderen, die er *Clapissons Beerdigung* nannte, soll auch die Abendgesellschaften der Villa Medici herzlich amüsiert haben. Dabei war Clapisson 1854 bei der Wahl neuer Akademiemitglieder immerhin Berlioz vorgezogen worden. Seine eher seichte Oper «La Fanchonette» (1856) war ein ausgesprochener Publikumserfolg.

Der Plan zu *Ulysse et Circe* wird aber über einige Skizzen hinaus nicht weiter verfolgt. Bizet hatte Homers Epos nach der Rückkehr in der stattlichen Bibliothek der Villa Medici, die er oft nutzte, studiert und befunden, daß diese Dichtung nicht komponierbar sei. Die Faszination der antiken Epik einerseits und andererseits eine ode symphonie über Christoph Kolumbus von Félicien David brachten ihn schließlich auf eine neue Idee für die eigene symphonische Ode. Ein Seefahrer und Entdecker des 15. Jahrhunderts sollte auch Bizets Titelheld sein: *Vasco da Gama*. Als literarische Vorlage diente die sich auf Homer und Vergil berufende portugiesische Renaissance-Dichtung «Os Lusiadas» von Luís Vaz de Camões. Mit der Textfassung von Louis Delâtre war Bizet aber nicht sonderlich zufrieden, so daß er selbst Hand anlegte.

Das Werk schildert Vasco da Gamas Fahrt von Portugal nach Ostindien. Dabei haben die Seefahrer mit einem Unwetter zu kämpfen, das der Riese Adamastor entfacht, der von sechs Bässen gesungen wird. Ein Bolero des Offiziers Léonard (Sopran) ist die einzige Musiknummer daraus, die Bizet selbst auch später noch wertvoll findet.

Bizet zeigt sich hier nicht auf der zuvor schon erreichten Höhe musikalischen Ausdrucks. Er braucht als Musikdramatiker ein motiviertes Bühnengeschehen. Auch reifen seine orchestralen Pläne weiter. *In Gedanken bin ich immer bei der Symphonie, und ich bin fast soweit, einen Schlußsatz auf die Beine zu stellen. Ich hoffe meinen dritten Satz voranzubringen, während ich den zweiten noch vollenden werde.*[60]

Das musikalische Paris diskutiert Anfang 1860 – während das problematische Engagement Frankreichs in Indochina beginnt – heftig über drei Konzerte, die Richard Wagner im Théâtre Italien mit eigenen Werken dirigiert. Das Vorspiel zu «Tristan und Isolde» wird mit Ratlosigkeit aufgenommen. Im Publikum sitzen Auber, Berlioz, dem Wagner ein Exemplar der «Tristan»-Partitur schenkte, Gounod, Meyerbeer und Ernest Reyer[61]. Wagner empfängt in seinem Salon Camille Saint-Saëns und macht seinerseits eine Aufwartung bei Rossini, «Tout Paris», die kaiserliche Familie eingeschlossen, redet von dem sächsischen Musiker.

Wer in Paris anerkannt sein wollte, mußte sich zwangsläufig mit ihm vergleichen lassen, ob der Vergleich angemessen war oder nicht. Wagner, 25 Jahre älter als Bizet, war zweifelsohne durch seine innere Statur und durch zäh durchgestandene Niederlagen wie glanzvolle Erfolge ein viel robusterer Mensch und Künstler als der junge Franzose, der überdies in

Antoine
Louis Clapisson

einem festgefügten musikalischen Wertesystem erwachsen wurde, über dem der Anspruch einer Grande Nation stand. Wagner hatte keine Aubers und Clapissons, die kraft Amtes autorisiert waren, ihn verbindlich zu beurteilen. Die – wenn auch manchmal provinzielle – Pluralität in den deutschen Staaten hatte für die Entwicklung künstlerischer Persönlichkeiten durchaus ihre Vorteile. Der Vergleich mit Wagner sollte für Bizet später teilweise hinderlich werden, während die Stellung seines Schaffens zu demjenigen Verdis einfacher zu bestimmen war, wie auch zu den beiden wichtigsten Vorbildern in der Heimat, Gounod und Offenbach.

In Rom arbeitete Bizet zu eben dieser Zeit an mindestens einem Symphoniesatz. Drei weitere Sätze hatte er konzipiert, skizziert, begonnen, zum Teil wieder verworfen, beiseite gelegt, aber erst viel später fertiggestellt und zur Aufführung angeboten. In einem Brief, den er auf dem Weg nach Venedig von Rimini aus an die Mutter schrieb, berichtete er: *Ich habe eine Symphonie im Kopf, der ich den Titel «Rom, Venedig,*

Florenz und Neapel» geben möchte. Das fügt sich wunderbar zusammen: «Venedig» wird mein Andante, «Rom» mein erster Satz, «Florenz» mein Scherzo und «Neapel» mein Finale, ich glaube, das ist eine neue Idee.[62]

Auf jeden Fall sind in *Roma*, so der Titel des Werks, das Bizet später selbst *meine Symphonie* nannte, das aber auch als Suite[63] bezeichnet wird, Eindrücke des Italien-Aufenthalts verarbeitet. Auch der Symphoniker Tschaikowsky differenzierte zwischen seinen großen Symphonien und nicht minder symphonischen Suiten. In *Roma* ist Bizets kompositorische Entwicklung während des Studienaufenthalts dokumentiert. Der nachweislich in der Villa Medici entstandene zweite Satz (Allegretto vivace-Scherzo) – die anderen vollendete Bizet erst in Paris – ist gut gearbeitet, aber nur mäßig originell, wie auch der langsame dritte. Ausgereift und wirklich symphonisch ist der Kopfsatz, der großen Vorbildern folgend mit einem ruhigen Andante beginnt und dann in ein Allegro agitato übergeht. Manches weist hin bis zu César Francks einziger Symphonie, dem singulären späten Höhepunkt romantischer französischer Symphonik. Zwischen Mendelssohn Bartholdy («Sommernachtstraum»-Nocturno), dem «Freischütz» Webers und dem Wagner des «Tannhäuser» ordnet man die Klänge des einleitenden Hornquartetts ein:

Die später gestochene Partitur von *Roma* verzeichnet nur beim letzten Satz einen programmatischen Untertitel: *Carneval*, Assoziationen an das Finale von Mendelssohns «Italienischer Symphonie» oder an Berlioz' brillante Ouvertüre «Le carnaval romain» leiten hier aber in eine vollkommen falsche Richtung. Man hört trotz des vorgeschriebenen Allegro vivacissimo keine entfesselte Fröhlichkeit, im Vordergrund steht ein eigenartig choralhafter Gedanke, der aus ganz anderem Zusammenhang zu kommen scheint.

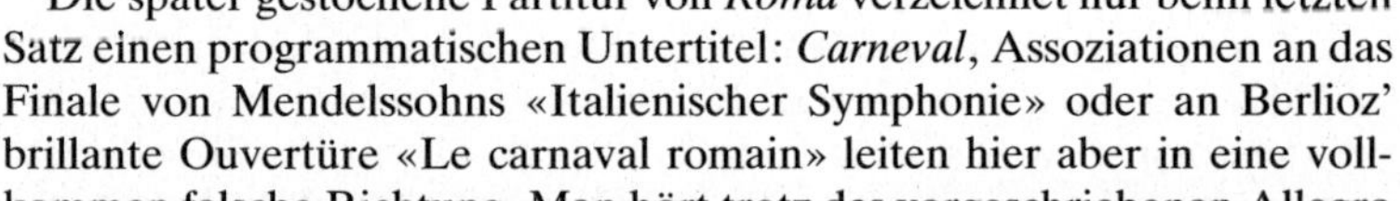

Gustav Mahler hat *Roma* geschätzt und 1901 in Wien aufgeführt. Eduard Hanslick urteilte damals: «...Originalität und Reichtum der Erfindung kann man dem Werke kaum nachrühmen; doch enthält es viel An-

Blick auf Rom vom Monte Pincio, um 1860

mutiges, Geistreiches, ja Blendendes in durchaus reizvoller Instrumentierung... so hat man manchmal die Empfindung, als spiele bei herabgelassenem Vorhange eine Opernscene sich ab.»[64] Der selbstkritische Bizet meinte gegenüber Saint-Saëns zu seinen symphonischen Ambitionen später: *... ich bin einfach nicht gemacht für die Symphonie. Ich brauche die Bühne, ohne sie kann ich überhaupt nichts.*[65]

Im Herbst 1859 wird Ernest Guiraud in Paris der Prix de Rome zugesprochen. Die Nachricht von der Auszeichnung des engen Freundes und geschätzten Kollegen und die Aussicht auf dessen Gesellschaft bestärken Bizet darin, sich um eine Verlängerung seiner Stipendiumszeit in Rom zu bemühen; dafür will er – entgegen Gounods Rat – auf den Deutschland-Aufenthalt verzichten. Guiraud kommt im Frühjahr 1860 in Rom an. Auch er wird in der Villa Medici eine italienische Oper, «Gli avventurieri», komponieren. Bizet und Guiraud gehen im Sommer auf eine große Reise nach Norditalien.

Tagebuchnotizen von dieser Reise mit Bemerkungen über Kathedra-

Bizet auf der Rückreise nach Paris, 1860. Zeichnung von Gaston Planté

len, Orgeln, aber auch über Bordellbesuche kamen über den Privatbesitz von Mina Curtiss in die Bibliothèque Nationale. Man besucht Perugia, Assisi, Pesaro, die Geburtsstadt Rossinis, Ravenna und Padua und erreicht Anfang September Venedig. Zum erstenmal sieht Bizet diese Stadt, deren imaginäre Gestalt er schon für den Symphoniesatz im Kopf hatte. In Venedig erreicht ihn ein Brief der Mutter; sie ist schwer krank und deprimiert. *Ich erwarte Deinen nächsten Brief mit großer Ungeduld. Wenn Du das kleinste Verlangen verspürst, mich sofort zurückkommen zu sehen, dann sag es frei heraus: denn wenn Du es wünschst, nehme ich den nächsten Zug*[66], antwortet der Sohn am 5. September 1860. Ende des Monats reist er tief besorgt vorzeitig in die Heimat zurück.

Opernkomponist in Paris

Fast drei Jahre ist Georges Bizet von Paris fortgewesen. Nur wenig hat sich in seiner Abwesenheit geändert, die verkrusteten Strukturen des Musiklebens haben sich nicht gewandelt. In das Geflecht von wichtigen Bekanntschaften, kollegialen Beziehungen und Protektionen, von geschäftlichen Kontakten zu Konzertveranstaltern und Verlegern muß er sich jetzt aufs Neue – mit dem Bonus des Rom-Preises – als Erwachsener und professioneller Komponist einfinden.

Der große Theaterdichter und Praeceptor des französischen Opernlibrettos Eugène Scribe wurde im Februar 1861 zu Grabe getragen. Seine stilbildende Wirkung dauerte in vielen jüngeren Mitarbeitern noch Jahrzehnte fort. Zwei Wochen später wurde die Pariser Erstaufführung des eigens für die Anforderungen der Opéra umgearbeiteten «Tannhäuser» Richard Wagners zu einem der meistdiskutierten Opernereignisse des Jahrhunderts. Wagner hatte seine 1845 in Dresden uraufgeführte Oper zwar um das an der Opéra obligatorische Ballett («Venusberg-Bacchanal») erweitert, dieses aber zur Empörung des etablierten Publikums schon unmittelbar hinter die Ouvertüre placiert. Die Pflege symphonischer Musik hatte in der französischen Hauptstadt zu jener Zeit nur marginale Bedeutung; ein Komponist mußte sich mit Opern, wenigstens einer opéra comique oder Operette, vor der Öffentlichkeit und der Fachkritik beweisen. Letztere war auf heute unvorstellbare Weise mit den Pariser Komponisten verwoben, die alle auch als Kritiker ihrer Kollegen auftraten.

Die kranke Mutter wird im Haus in der Rue de la Tour d'Auvergne vom Vater und von Marie Reiter gepflegt, die in den Diensten der Bizets steht. Marie, ein Jahr älter als der Sohn des Hauses, tröstet den aus Rom Zurückgekehrten in der schweren Zeit, als er erfährt, daß seine Mutter nicht mehr lange zu leben hat. Aimée Bizet stirbt am 8. September 1861 mit 46 Jahren. Georges hat inzwischen ein Verhältnis mit Marie. Über seine bisherigen Beziehungen zu Frauen geben nur einige unreife Randbemerkungen in den Rom-Briefen geringen Aufschluß. Seiner Mutter berichtete er natürlich nicht von erotischen Abenteuern mit römischen Mädchen. Genau neun Monate nach dem Tod der Mutter kommt der kleine Jean

Prosper Mérimée

Reiter zur Welt. Er wird zunächst als Sohn des alten Bizet ausgegeben und in der Familie großgezogen. Angeblich soll er erst 60 Jahre später von Marie Reiter an deren Sterbebett erfahren haben, daß er ein leiblicher Sohn des inzwischen weltberühmten Komponisten der *Carmen* war und nicht nur dessen Halbbruder.

Der nach Paris zurückgekehrte Rom-Preisträger arbeitet an seinem nächsten musikalischen Bühnenwerk. Das Libretto heißt «La Guzla de l'Émir» von Jules Barbier und Michel Carré, einem erfolgreichen Autorengespann, die auch die Textdichter von Gounods «Faust» waren.

Eine Sammlung angeblich «illyrischer Lieder» wurde schon 1827 von einem gewissen Hyazinth Maglanowitsch unter dem Titel «Guzla» veröffentlicht, was seitdem ein Markenzeichen für geheimnisvolle muselmanisch-balkanische Begebenheiten war. Die Gusla ist das einsaitige Streichinstrument fahrender südosteuropäischer Rhapsoden.

«Es ist noch nicht lange her, daß die Franzosen... die Dichtarten der Ausländer ergriffen... Aber das Allerneuste und Wundersamste möchte denn doch sein, daß sie sogar unter der Maske fremder Nationen auftreten und uns... durch untergeschobene Werke auf die angenehmste Weise zum besten haben... Wir wurden aufmerksam, daß in dem Worte Guzla der Name Gazul verborgen liegt... Herr Mérimée wird es uns also nicht verargen, wenn wir ihn als den Verfasser des Theaters der Clara Gazul und der Guzla hiermit erklären...» schrieb Johann Wolfgang von Goethe 1828.[67]

Prosper Mérimée (1803–70) war tatsächlich der Urheber des Wortspiels Guzla/Gazul und hatte mit den dramatischen Skizzen einer angeblichen Zigeunerin und klosterentlaufenen Maurentochter literarisches Aufsehen erregt. Auch als Herausgeber von spanischer und russischer Literatur übte er einen großen Einfluß auf den Geschmack des französischen Lesers seiner Zeit aus. 1830 hatte Mérimée dann in Granada von der Mutter der späteren französischen Kaiserin Eugénie die Geschichte eines ehemaligen Soldaten gehört, der aus enttäuschter Liebe eine Zigeunerin ermordete. In der Novelle «Carmen» (1847) erzählte er sie wieder.

Bizets *Guzla de l'Émir* sollte eine opéra comique werden, die eine reelle Chance zur Aufführung am gleichnamigen Haus gehabt hätte, denn dessen finanzielle Unterstützung durch den Staat war unter anderem an die Bedingung geknüpft, daß man Werke von Rom-Preisträgern herausbrachte. Außerdem half Bizet nun Charles Gounod beim Herstellen des Klavierauszugs und beim Kopieren des Materials sowie bei den Proben zu dessen jüngstem Werk «La reine de Saba», dem ebenfalls ein Carré–Barbier-Libretto zugrunde lag.

Im Mai 1861 soll Franz Liszt im Haus Halévy zu Gast gewesen sein; Bizet hat in Gegenwart des großen Virtuosen angeblich eine Probe seines pianistischen Könnens gegeben. Liszt sei voll des Lobes über die exzellenten Fähigkeiten des jungen französischen Kollegen gewesen und habe ihn als Pianisten auf eine Stufe mit sich selbst und seinem Schwiegersohn Hans von Bülow gestellt.[68] Wahrscheinlicher ist, daß diese Begegnung im Haus des Instrumentenbauers Érard in der Rue du Mail stattfand, wo Liszt während seiner Paris-Aufenthalte wohnte und auch Bizet gelegentlich verkehrte.

Halévy starb im März des folgenden Jahres im Alter von 63 Jahren über der Arbeit an seiner Oper «Noé». Der belgische Komponist François Auguste Gevaert wurde zunächst mit der Fertigstellung der Partitur beauftragt, dann übertrug die Witwe die Aufgabe Bizet, der aber vorerst mit eigenen Arbeiten beschäftigt und eher im Begriff war, sich von dem Vorbild des Lehrers zu emanzipieren. Er durfte zudem nicht vergessen, daß die Akademie noch envoi-Ansprüche an ihn hatte. Nach dem gerügten *Don Procopio* und der beifälliger aufgenommenen Entdecker-Kantate war eine dritte Einsendung fällig, etwas Symphonisches. Die *Guzla de l'Émir* war wahrscheinlich als der vierte envoi vorgesehen. Bizet fügte dem bereits fertigen *Scherzo* der römischen Symphonie einen *Trauermarsch in f-moll* bei, was sicherlich mit dem Tod der Mutter im Zusammenhang gebracht werden darf, und komponierte eine Konzertouvertüre mit dem Titel *La chasse d'Ossian*, sich an das Vorbild Mendelssohn und dessen ebenfalls aus dem Fingal-Ossian-Kreis stammende «Hebriden/

Fingalshöhle»-Ouvertüre anlehnend. Die Werke wurden in der Akademie dem Brauch entsprechend intern aufgeführt. Das *Scherzo* wurde in anderem ebenfalls nicht öffentlichem Rahmen noch einmal einzeln wiederholt.[69]

Die einzige Einrichtung, die damals in Paris regelmäßig öffentliche Symphoniekonzerte veranstaltete, war die Gesellschaft, die aus der Société des Jeunes Artistes du Conservatoire hervorgegangen war und seit 1861 im Cirque d'Hiver die «Concerts populaires de Musique classique» veranstaltete. Ihr Leiter war der Dirigent Jules Étienne Pasdeloup. Hier konnte jedermann für geringen Eintritt das symphonische Standardrepertoire der damaligen Zeit kennenlernen, also vor allem Haydn und Mozart, Beethoven, Weber und Mendelssohn Bartholdy. Aber auch jungen französischen Zeitgenossen wurde eine Chance gegeben. Pasdeloup führt das römische *Scherzo* – ebenfalls ohne den *Trauermarsch* – auf, immerhin eingerahmt von Mozarts Es-Dur-Symphonie (KV 543) und der «Egmont»-Musik Beethovens. Die Noten der *Ossian*-Ouvertüre, wohl ein gezielt für den Geschmack der alten Akademiker geschaffenes Pflichtstück, sind verschollen.

Jules Étienne
Pasdeloup

Dies alles brachte dem jungen Komponisten Reputation ein, aber kaum Honorare, von denen er in Zukunft leben konnte, denn das Stipendium war auf fünf bald verstrichene Jahre befristet. Um Geld zu verdienen, trat Bizet nicht etwa als Pianist auf, was sicherlich möglich und erfolgversprechend gewesen wäre. Dies hätte aber nicht mit dem Image eines Opernkomponisten harmoniert, der er werden wollte. Statt dessen half er wieder einem Kollegen bei der Uraufführung seiner neuesten Oper.

Es galt, Ernest Reyers «Érostrate» aus der Taufe zu heben, das der kunstsinnige Spielbank-Konzessionär Édouard Bénazet für die erste Opernsaison im neuen Theater von Baden-Baden bestellt hatte. Bizet erhoffte auch für sich selbst einen Opernauftrag von Bénazet. Womöglich dachte er daran, ein von Gounod nicht verwendetes Textbuch über den russischen Zaren Ivan den Schrecklichen komponieren zu dürfen. Er arbeitete sogar in Paris fleißig weiter, als Reyer schon in den noblen Kurort abgereist war. Bizet fuhr selbst erst später nach Baden-Baden und erlebte auch Hector Berlioz' neue Oper «Béatrice et Bénédict», deren Uraufführung dort am 9. August 1862 stattgefunden hatte, übrigens nicht, wie oft angegeben wird, zur unmittelbaren Einweihung des neuen Theaters. Dafür war eine zeitgenössische französische Oper dem geschickten Bénazet doch zu riskant. Drei Tage zuvor hatte man deshalb schon Konradin Kreutzers bewährtes «Nachtlager von Granada» gegeben.

Berlioz' Adaption von William Shakespeares «Viel Lärmen um nichts» markiert einen ästhetischen Endpunkt der opéra comique, mit allen Symptomen ihrer Krise. Die brillante und geistreiche Musik dieser Oper (mit comique-traditionell gesprochenen Dialogen) dominiert in extrem anspruchsvoller Faktur über alle Notwendigkeiten des Theaters; ein komödiantischer Duktus kommt kaum auf. Für den noch nicht vierundzwanzigjährigen Georges Bizet und seine eigenen Vorstellungen von einem lebendigen Musiktheater ist dieser Theaterabend in Baden-Baden sicherlich ein wichtiger Eindruck gewesen.

Im Oktober begutachtet die Akademie dann *La Guzla de l'Émir*: «Wenn das Werk auch noch ein bißchen zu viel Ausgefallenes zeigt und dazu eine Tendenz, vokale Interessen hinter reicher Begleitung zurückzustellen, können wir doch wiederum freudig die Erhabenheit des Gefühls feststellen, die Lebendigkeit des Stils und die Sicherheit der Ausführung, mit einem Wort, all jene ernsthaften Vorzüge, von denen Monsieur Bizet bereits Zeugnis abgelegt hat...»[70]

Endlich erklingt Anfang Februar 1863 auch *Vasco da Gama* in der Akademie vor ausgewähltem Publikum zum ersten (und einzigen) Male. Der Kritiker von «Revue des Deux Mondes» soll – nicht zu Unrecht – Bizet die Nähe zu Félicien Davids Kolumbus-Kantate angekreidet haben. Den jungen Komponisten, der sich in Paris nun einen gewissen Namen gemacht hat, traf das sicherlich nicht besonders, konzentrierte er sich doch auf seine Theaterpläne. An der Opéra Comique liefen die Proben zur

Guzla de l'Émir. Es war Winter, und das zielstrebige Arbeiten ließ Bizet die immer wiederkehrenden Erkältungen und Infekte auf die leichte Schulter nehmen. Später wurde vermutet, daß es sich sogar um eine Diphtherie-Erkrankung gehandelt haben könnte.

Jetzt wurde der agile Léon Carvalho auf den begabten junge Mann aufmerksam. Carvalho war Direktor des Théâtre Lyrique an der Place du Châtelet, dem späteren Théâtre Sarah Bernhardt und heutigen Théâtre de la Ville. Ihm war gerade der Segen staatlicher Subventionen zuteil geworden. Der Minister für die Schönen Künste Graf Walewski machte aber auch ihm zur Auflage, daß Werke von Rom-Preisträgern gespielt werden müßten. Einen vergleichbaren kulturpolitischen Mechanismus, nämlich die staatliche Förderung ausschließlich staatlich anerkannter zeitgenössischer Opernkomponisten, hat es auch in fernerer Zukunft nie wieder gegeben. Das Werk hatte aber auf jeden Fall der Opern-Erstling des betreffenden Preisträgers zu sein. Bizets *Le Docteur Miracle* zählte als Operette, *Don Procopio* galt nicht als französische Oper und war zudem nie aufgeführt worden.

Bizet sah seine Chance: Carvalho konnte nämlich ein Textbuch offerieren, das ihn faszinierte, und er zog die *Guzla de l'Émir* von der Opéra Comique zurück, um sein eigentliches Debüt als Opernkomponist ohne die formalen Auflagen der comique-Tradition mit einem dem aktuellen Zeitgeschmack entsprechenderen Stück geben zu können. Das Libretto, das Michel Carré – diesmal zusammen mit Eugène Cormon, ein Pseudonym des Dichters Étienne Piestre – verfaßt hatte, trug den Titel «Leïla». Ursprünglich waren auch hier gesprochene Dialoge vorgesehen, Carvalho entschied sich dann aber doch für eine durchkomponierte Fassung. Ein halbes Jahr nur war bis zum bereits fixierten Termin der Uraufführung Zeit. Carvalho brauchte ein modernes Werk, das er neben Mozarts «Figaro» spielen konnte.

Die Vorliebe des Pariser Publikums für Exotisches war ungebrochen. Flaubert war mit seinem Karthago-Roman «Salammbô» ein Bestseller gelungen. Ferne Länder mußten dabei keineswegs authentisch dargestellt werden; Fiktionen und Klischees reichten für manchen Erfolg aus. Man ergötzte sich an den fremden Gestalten und Kulturen, teils mit versonnener Bewunderung, teils auch von oben herab. Die Grande Nation, noch dazu in verschiedenen kolonialen Unternehmungen engagiert, suchte nicht nur die ablenkende Idylle, sondern auch Bestätigung ihrer eigenen fortschrittlichen Größe angesichts der eigenartigen Bräuche und der als niedriger angesehenen Zivilisation. Vor allem die orientalistische Malerei beließ es nicht bei stimmungsvoller Milieuschilderung. Ein Gemälde von Henri Levy, er war zwei Jahre jünger als Bizet, zeigt einen lichtbringenden «Bonaparte in der großen Moschee von Kairo».

Der Orientalismus in der französischen Oper läßt sich bis zu «Gulistan» und «Azemia» von Nicolas Dalayrac (1753–1809) zurückverfolgen. An

Bonaparte in der großen Moschee von Kairo. Gemälde von Henri Levy. Mulhouse, Musée des Beaux-Arts

Léon Carvalho

der Opéra Comique hatte 1862 Félicien Davids «Lalla Roukh» großen Erfolg gehabt. Das Werk erlebte innerhalb eines einzigen Jahres mehr als hundert Aufführungen. Das Textbuch hatte Carré mit Hippolyte Lucas nach Thomas Moores gleichnamiger Dichtung verfaßt, die auch Robert Schumanns Oratorium «Das Paradies und die Peri» (1843) zugrunde liegt.

Carvalho hatte seine Hand am Puls des Zeitgeschmacks und erkannte die große Begabung Bizets, die gewünschte Musik zu schreiben. Bizet sah seinerseits die Chance, in dem Metier Geld zu verdienen, das das seine werden sollte. Was mit der Partitur und den für die Proben schon fertiggestellten Materialien der *Guzla de l'Émir* nach Bizets Entscheidung für «Leïla» geschah, ist ungewiß[71]; wahrscheinlich ist, daß er auf Grund des Zeitdrucks Teile des einen Werkes für das andere verwendet hat.

Opern aus Ceylon und Rußland

Das «Leïla»-Libretto stützt sich (soweit bekannt) auf keine literarische Vorlage. Wenn manches Klischee und etliche dramaturgische Banalitäten auch nicht zu leugnen sind, haben einige Züge der Geschichte und ihrer Verarbeitung doch deutlichen Reiz für einen Komponisten. Carré und Cormon bieten ausreichend Hohlräume an, die mit Musik zu füllen sind. Für Bizet war es eine willkommene Chance, seinen musikalischen Erfindungsreichtum verbunden mit einem sicheren Gespür für Bühnensituationen vor einem zahlenden Theaterpublikum zu erproben.

Der Titel der Oper wurde bald in *Les pêcheurs de perles* (*Die Perlenfischer*) geändert, aus guten Gründen. Nach Titelheldinnen benannte Opern gab es zu jener Zeit sehr viele. Mehr noch als diese taktische Überlegung mag aber eine Rolle gespielt haben, daß anders als bei den bekannten Vorbildern aus anderen Opern, die Carré und Cormon für die Figur der Leïla im Auge gehabt haben müssen, Spontinis «La Vestale» und Bellinis «Norma», bei ihnen die titelgebende Priesterin wohl die Ursache, aber nicht das dramatische Zentrum des Konflikts ist.

Als Schauplatz der Oper war die mexikanische Küste vorgesehen. Möglicherweise mit Rücksicht auf das französische Engagement bei der Krönung Maximilians zum Kaiser von Mexiko wurde er aber an den Indischen Ozean verlegt. Als sich am 30. September 1863 der Vorhang im Théâtre Lyrique zur Uraufführung der ersten Oper des vierundzwanzigjährigen Georges Bizet öffnete, zeigte sich dem Publikum die wilde Küste eines fiktiven Ceylon: *... mit einigen Bambushütten und Palmen; auf einem Felsen über dem von glühender Sonne beleuchteten Meer sieht man in der Ferne die Ruinen einer alten Hindu-Pagode. Einige Fischer bauen Zelte auf, andere trinken und tanzen zu indischer Musik.* Gestus und Kolorit der Musik, die Bizet zu dieser Expositionsszene der *Perlenfischer* komponiert hat, sind stimmungsvoll und beschwingt, dem dramatischen Ausdruck der Situation verpflichtet. Keineswegs kann man aber folkloristische Komponenten erkennen, die eine ernsthafte Absicht des jungen Komponisten verraten, sich zu einem musikalischen Orientalismus im Stile Davids zu bekennen.

Die südindischen Operninsulaner wählen Zurga (Bariton) zu ihrem

Paris, Place du Châtelet mit dem Théâtre Lyrique (rechts).
Stich von Felix Thorigny

Anführer. Der nach langer Zeit heimgekehrte Jäger Nadir (Tenor) kommt an den Strand. Er und Zurga erinnern sich an eine Frau, in die sie beide einmal verliebt waren; sie hatten ihrer aber um der gemeinsamen Freundschaft willen entsagt. Das Duett *Au fond du temple saint* ruft die Begegnung mit jener Frau in einem brahmanischen Tempel in die Erinnerung zurück. Georges Bizet gelingt hier bei der ersten Gelegenheit in dieser Oper, wo seine Musik nicht formalen Notwendigkeiten wie dem initialen Appell an die Publikumsaufmerksamkeit oder der Milieuschilderung dienen muß, sondern menschliche Gefühle und Beziehungen schildern kann, ein Höhepunkt melodischer Invention, ein «Schlager», der bis heute jedem Opernliebhaber geläufig ist, auch wenn man *Les pêcheurs de perles* kaum mehr auf den Spielplänen findet. Ausgehend vom Textrhythmus, den der Tenor deklamiert, entfaltet Bizet in diesem Duett, kunstvoll den Duettpartner und eine Soloflöte einführend, eine verzaubernd-strömende Beschwörung der unbekannten Schönen.

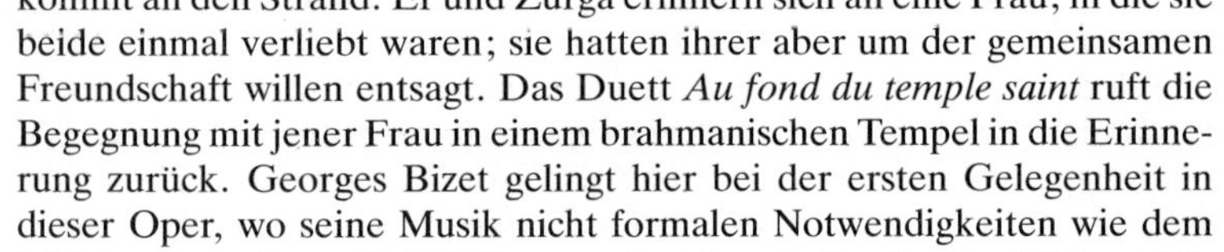

Der Melodiker und Instrumentationskünstler Bizet geriet später freilich durch die unbefangene Harmonie und den Schönklang gerade dieses Stücks in den Ruf, ein sich anbiedernder «Ohrwurm»-Produzent zu sein.

Das *Perlenfischer*-Duett bekam das Prädikat «kitschig». Schuld daran ist nicht zuletzt die schon mit der Uraufführung begonnene Tradition, das Duett um seinen unsentimentalen zweiten Teil *Jurons de rester amis* zu kürzen. Das bei vielen Wunschkonzerten repetierte Kabinettstück französischer Opernkunst wurde zudem durch italienisches oder deutsches Pathos der Ausführenden im 20. Jahrhundert häufig verzerrt, so daß erst durch die Verbreitung neuerer französischer Schallplattenaufnahmen die eigentlich schlichte Eleganz dieser Musik wieder geläufig wurde.

Die junge Priesterin, die anschließend die Szene betritt, muß geloben, verhüllt und keusch zu bleiben, um durch ihre Gebete den Segen Brahmas für die Perlenfischer zu erwirken. Sie ist Leïla, die Unbekannte von einst; Nadir weiß es. Das Publikum erfährt es ebenfalls, denn Bizet zitiert bei ihrem Auftreten die Beschwörungsmelodie des Duetts als Erinnerungsmotiv, eine Technik, die er hier erstmals erprobt und später in *Carmen* auf charakteristische Weise vervollkommnet.

Der Chor *Brahma divin* ist ganz Gounodschem Vorbild verpflichtet, und bei dem Liebesduett Leïlas und Nadirs, der trotz des Verbots und des Freundschaftsschwurs zu ihr auf den Gebetsfelsen kommt, ist ein Offenbachscher Duktus nicht zu überhören. Der Oberpriester Nourabad (Baß) befragt Leïla, ob sie das Gelübde werdc halten können. Sie entgegnet, daß sie ähnliches schon früher einmal getan habe: sie hätte einem Verfolgten Schutz geboten, dieser dankte ihr dafür mit einer Kette und habe schließlich dessen Feinden tapfer widerstanden.

Ihr Nachtgesang *Comme autrefois* steht mit höchst mitteleuropäischen «Hornquinten» wiederum in Kontrast zum Ort des Geschehens. Bizet bedient in keiner Weise die Erwartungen seines Publikums nach Exotischem. Er beschreibt mit seiner Musik Situation und Gefühl, so wie er empfand und mit seinen stilistischen Mitteln darstellen konnte, also französisch. Daß er von seinem kompositorischen Können her fähig gewesen wäre, Klänge zu erfinden, die man hätte für ceylonesisch halten können, steht außer Zweifel. Für wenige Takte versucht er es mit einem Oboensolo, das an jenes aus der Symphonie erinnert:

Bei ihrem zweiten Zusammensein werden die beiden Liebenden entdeckt und von den aufgebrachten Perlenfischern fast gelyncht. Zurga tritt dazwischen und will das Schlimmste verhindern, läßt die Priesterin ihr Gesicht enthüllen, erkennt Leïla wieder und den Treuebruch Nadirs und will nun auch, daß beide sterben. Leïla gibt ihre Kette einem der Fischer,

«Die Perlenfischer», Tel Aviv 1964, mit Michiko Sunahara (Leïla), Plácido Domingo (Nadir) und Franco Iglesias (Zurga)

damit er sie nach ihrem Tod ihrer Mutter gebe. Zurga erkennt die Kette wieder, er selbst war damals jener Verfolgte, der sie Leïla zum Dank gegeben hatte. In einer großen Soloszene und einer anschließenden Gegenüberstellung mit Leïla charakterisiert Bizet Zurga und seinen Konflikt und setzt wirkungsvoll das Beschwörungsmotiv wieder ein, das jetzt aber von Pizzicato-Synkopen dominiert wird.

Die szenische Anweisung zum letzten Bild von *Les pêcheurs de perles* zeigt Nadir *am Fuße einer Brahmastatue auf einem Scheiterhaufen sitzen... Die trunkenen Inder vollführen wilde Tänze, Becher mit Palmwein werden herumgereicht...* Bei Zurga ist aber das Gefühl der Schuld gegenüber der geliebten Frau, die ihm einst das Leben gerettet hatte, größer als das der Rache gegenüber dem wortbrüchigen Freund und der Zorn auf die unkeusche Priesterin. So legt Zurga ein Feuer, um die Perlenfischer abzulenken und die zum Tode Verurteilten zu befreien. Alles steht in Flammen, Zurga bleibt allein zurück.

Trotz einer positiven Kritik von Hector Berlioz im «Journal des Débats» war dem Werk keine breite Zustimmung beschieden. Abwechselnd mit Mozarts «Figaro» wurde es von Carvalho einige Wochen im Spielplan belassen und kam so zu Bizets Lebzeiten nur auf achtzehn Aufführungen. Erst nach dem Welterfolg von *Carmen* entsann man sich der *Perlenfischer*, 1893 wurde es auch in Paris wieder gespielt. Um die Jahrhundertwende war das Werk fast ein «Repertoirestück», um dann wieder in Vergessenheit zu geraten.

Choudens hatte zwar die Partitur der Oper nebst den Aufführungsrechten gekauft; das Autograph kam dann aber abhanden. Die Authentizität dessen, was über ein Jahrhundert in Bizets Namen als *Les pêcheurs de perles* aufgeführt wurde, ist infolgedessen zweifelhaft. Benjamin Godard[72] komponierte 1889 ein Duett für die Pariser Wiederaufnahme des Werks zum Terzett um, Szenen wurden umgestellt, der Schluß geändert: Zurga stirbt am Ende dieser oft gespielten Version. Erst 1975 konnte eine verläßlichere Version herausgegeben werden, nachdem Arthur Hammond für eine Produktion der *Perlenfischer* an der Welsh National Opera in Cardiff fehlende Partiturteile nach dem Klavierauszug von 1863 rekonstruiert hatte. Der Umgang des von Antoine Choudens 1845 gegründeten und bis zu seinem Tod im Jahre 1888 von ihm selbst geleiteten Verlagshauses mit den Werken Bizets ist deshalb oft Gegenstand berechtigter Kritik geworden.

Berlioz war seinerzeit mit seiner guten Meinung über die *Perlenfischer* relativ isoliert. Es ist auch gut möglich, daß sein Urteil mit einer gewissen Berechnung zustande kam, denn Carvalhos Bühne sollte Berlioz' schon lange fertiggestellte Oper «Die Trojaner» zur Aufführung bringen. Bisher war es dem Komponisten nur gelungen, einige Bruchstücke in Baden-Baden aufzuführen, und zwei Jahre zuvor hatte man die französische Premiere des «Tannhäuser» seinem Werk vorgezogen. Aber auch am Théâtre Lyrique kam es nur zu einer unzulänglichen Einstudierung von Teilen von «Les Troyens». Bizet setzte sich sehr für das Werk von Berlioz ein und hätte sich wegen seiner engagierten Parteinahme fast duellieren müssen.[73]

Er bekam von Carvalho einen neuen Opernauftrag: *Ivan IV.*, eine Historie aus dem Rußland des 16. Jahrhunderts, auf das Libretto von François-Hippolyte Leroy und Henri Trianon, das schon 1855 durch die Hände von Charles Gounod – für eine an der Opéra geplante Aufführung – gegangen war.

Adolphe und Georges Bizet, Marie und Jean Reiter lebten inzwischen in einem Haus in der Rue Fontaine, Saint-Georges. Für die Sommermonate hatte der Vater kurz nach der *Perlenfischer*-Premiere ein Grundstück in Le Vésinet außerhalb der Stadt an der Seine gekauft, auf dem er zwei kleine Häuser bauen ließ.

Ende März 1864 wurde ein Halévy-Denkmal enthüllt. Die Witwe von Bizets altem Lehrer konnte aber wegen einer schweren Nervenkrise nicht dabei sein. Im gleichen Monat erlebte Bizet die Uraufführung von Gounods «Mireille», Gounods Klangsprache verband sich hier geschickt mit zum Teil authentischen volksmusikalischen Elementen.

Die noch nicht sechzehnjährige Geneviève Halévy zog aus dem Haus der Mutter aus, weil diese sie für den Tod der Schwester Esther verantwortlich machte. Esther Halévy, die mit ihrem Cousin Ludovic als verlobt galt, war unter allerdings sonderbaren Umständen eines natürlichen, vermutlich durch eine Nervenkrankheit begleiteten Todes gestorben. Bizet stand nach wie vor in engem Kontakt mit der Familie. Die Komplettierung des «Noé» hatte er allerdings noch nicht begonnen. Er arbeitete in diesem Frühjahr an *Ivan IV.* und unterstützte Hector Berlioz bei den Proben zu «L'Enfance du Christ». Im Mai 1864 starb Giacomo Meyerbeer. Bizet nahm an den mit großem Aufwand begangenen Trauerfeierlichkeiten teil, der Leichnam des wie Halévy mit 63 Jahren verstorbenen Komponisten wurde nach Berlin überführt.

Bizets *Ivan IV.* sollte «Mireille» auf dem Spielplan des Théâtre Lyrique ablösen. In «Mireille» hatte ein Lied als provenzalischer Hirtengesang Verwendung gefunden, das seinerzeit für den jungen Bulgaren in Gounods eigenen Skizzen zu «Ivan IV.» vorgesehen war. Volkstümlichkeit war also durchaus austauschbar. Das Ivan-Libretto hatte sich aber gegen Gounods musikalischen Zugriff gesperrt, der hier weder einen Ansatzpunkt für charakteristische Genre-Tableaus noch ein richtiges Liebespaar vorfand. Trianon und Leroy hatten, wahrscheinlich von Nikolaj M. Karamsins Schilderung der russischen Geschichte angeregt, ein Textbuch nach Scribe–Meyerbeerscher Art konstruiert, doch ohne deren spezifischen Sinn für stilistische Integrität, historische Glaubwürdigkeit und vor allem Bühnenwirksamkeit zu erreichen. Ihr *Ivan IV.* bietet zwar einige äußerlich dramatische Momente, aber keine vitalen Figuren, die in spannungsvolle Konstellationen geführt werden.

Eine tscherkessische Königstochter namens Marie wird an den Zarenhof entführt, nachdem sie einem jungen Bulgaren und seinem Herrn, die sich verirrt hatten, den richtigen Weg durch die Berge gewiesen hat. Der unbekannte Herr war der Zar Ivan incognito, der die nun bei Hofe als Gefangene vorgeführte Marie erkennt und zur Frau will. Nur unter Zwang willigt sie ein. Das erregt den Zorn eines gewissen Yorloff, der seine eigene Tochter gern als Zarin gesehen hätte. Deshalb tut er sich mit dem tscherkessischen König Temrouk und dessen Sohn Igor zusammen, die den Weg nach Moskau gefunden haben, um die Entführte wieder zu befreien. Yorloff will die junge Zarin kompromittieren, indem er ihren Bruder in deren Gemach schleust, um dann zusammen mit Ivan die angeblich Untreue zu überraschen. Dies gelingt, und als der Zar auch noch erfährt, daß der Kreml – durch Brandstiftung Temrouks – in Flammen steht, trifft ihn der Schlag. Yorloff will selbst auf den Zarenthron und die tscherkessischen Geschwister, auf die er den Volkszorn gelenkt hat, hinrichten lassen. Ivan kommt aber wieder zu klaren Sinnen, und Yorloff

Zar Ivan IV. Darstellung aus dem 17. Jahrhundert

muß selbst aufs Schafott. Eine Hymne auf die himmlische Gerechtigkeit beschließt die Oper.

Bizet versuchte mit einigem Geschick, diese abstruse Geschichte für die Bühne durch seine Musik gefügig zu machen. Die reizvolle Schilderung der kaukasischen Idylle mit wasserschöpfenden Mädchen im ersten Akt bemüht sich nicht um exotische Volkstümlichkeit; der Schluß dieses Bildes steht sogar im Zeichen von «Lohengrin»-Anklängen. Die Blechbläser erinnern deutlich an Wagners Vorspiel zum dritten Akt dieser Oper, wie auch beim Auftritt der gefangenen Tscherkessinnen im Kreml die Streicherklänge an die Gralsmotivik dieses Vorbilds. Das dort vorgetragene Lied des jungen Bulgaren ist der Bolero des sopransingenden portugiesischen Offiziers aus *Vasco da Gama*.

An weitere Aufführungen dieser envoi-Kantate Bizets war jetzt ohnehin nicht mehr zu denken, da im April 1865 Meyerbeers «L'Africaine» postum uraufgeführt worden war. Die männliche Hauptpartie dieser Oper ist ebenfalls Vasco da Gama.

Auch im zweiten Akt von *Ivan IV.* geht Bizet mit effektorientierter Unbefangenheit ans Werk: Ivans Schwester Olga singt mit einer Gruppe Nonnen sogar zu den Klängen einer imaginären Kreml-Orgel! Im schlichten couplethaften Kriegslied Ivans, seiner einzigen Arie in der fünfaktigen Oper, deren Titelheld er immerhin ist, lehnt Bizet sich an die knalligen Synkopen von Verdis «Trovatore»-Zigeunerchor an und läßt den Akt auch in verdischer Manier schließen. Der *Chœur dansé* zum Hochzeitsbild des dritten Aufzugs hat deutlich Gounodsche Attitüde. Das Verschwörerduett von Vater und Sohn erinnert an den «Maskenball». Eine Prozessionsmusik und neuerliche Orgelklänge lassen wiederum an den dramaturgischen Aufbau des zweiten «Lohengrin»-Akts denken. *Venez souveraine adorée*, die Arie des jungen Bulgaren, die den vierten Akt eröffnet, ist eine Übernahme aus der 1856 für die erste Rom-Preis-Bewerbung – nur in Klavierfassung – geschriebenen und nie aufgeführten Kantate *Le Golfe de Baïa*.

Trotz allem Eklektizismus gelingen Bizet aber auch Momente, in denen er zur Individualität findet. Die Arie des Igor *Pourquoi revenez vous* klingt wie eine Vorstudie zu Don José in *Carmen*. Der einzige Augenblick, in dem Bizet aber auch in *Ivan IV.* seine Kunst knapp formulierter dramatischer Exposition und Stimmungszeichnung wirklich erfolgreich einsetzt, ist die Einleitung zum fünften Akt.

Bizet begleitet damit eine Szene, in der ein Offizier gegen Losungswort Einlaß durch die Kremlmauer findet. Man kolportiert das Gerücht vom Tod des Zaren. Die Gleichzeitigkeit von heimlichtuender Behutsamkeit einerseits und Verwegenheit andererseits hat schon den dramaturgischen Gestus der Schmugglerszene aus dem dritten Akt von *Carmen*.

Bizet komponierte *Ivan IV.* größtenteils in Le Vésinet unter starkem zeitlichem Druck, denn um seinen Lebensunterhalt zu bestreiten, mußte er nebenher an anderen Kompositionen arbeiten und Stunden geben. Im Herbst 1865 konnte das Aufführungsmaterial kopiert werden, dann ging dem Auftraggeber Carvalho das Geld aus. Im Dezember berichtete Bizet in Briefen an Edmond Galabert, dem er per Korrespondenz Kompositionsstunden gab, daß die Aufführung von *Ivan IV.* verschoben sei und schließlich, daß er das Werk vom Théâtre Lyrique zurückgezogen habe.

Vergebens versuchte er, es statt dessen der Opéra zur Aufführung anzubieten. Besonders ärgerlich war zudem, daß am 30. Dezember 1865 am

Théâtre Lyrique ausgerechnet noch eine Oper jenes Adrien Barthe [74] uraufgeführt wurde, der 1858 für sein «Te Deum» den Rodrigues-Preis bekommen hatte. Die frühen Bizet-Biographen berichten, der Komponist habe die Partitur dann verbrannt. Sich auf Émile Vuillermoz stützend meint dagegen unter anderem Maurice Tassart [75], daß Bizet *Ivan IV.* wohl doch weiter aufbewahrte, um eine bessere Gelegenheit zur Aufführung abzuwarten. Gegen diese Vermutung spricht aber die Verwendung von Teilen der *Ivan IV.*-Partitur für andere eigene Werke und Halévys «Noé». Spekulationen, daß die Uraufführung aus politischer Rücksichtnahme auf den damals in Moskau regierenden Zaren und dessen bevorstehenden Besuch in Paris verhindert wurde [76], entbehren ebenfalls glaubhafter Grundlagen. Womöglich hat Bizet zwar dasjenige Manuskriptexemplar verbrannt, das er der Opéra angeboten hatte, ein anderes kam aber 1929 aus dem Besitz des zweiten Mannes von Bizets Witwe in das Archiv des Conservatoire. Diese Partitur ist im fünften Akt nicht vollständig instrumentiert, so daß es sich wohl kaum um die der Opéra eingereichte Version handeln kann.

Im Zweiten Weltkrieg soll die niemals aufgeführte *Ivan IV.*-Partitur, von deren Existenz man durch Chantavoine seit 1933 nachrichtlich und auch durch eine Ausstellung zum 100. Geburtstag Bizets 1938 wußte, von deutschen Besatzern mikroverfilmt worden sein, um die Aufführung einer bearbeiteten Fassung der Oper [77] in Dresden vorzubereiten, zu der es dann allerdings kriegsbedingt nicht mehr kam. Der «deutsche Wiederentdecker» [78] des *Ivan IV.*, Ernst Hartmann, ein Studienrat aus Horb am Neckar, soll den fünften Akt schon damals zu Ende instrumentiert haben. In dieser Version muß auch die klavierbegleitete Privataufführung zu Besatzungszeiten in Paris stattgefunden haben, von der Winton Dean berichtet. Er, andere Biographen und sogar Grove's Musiklexikon [79] erwähnen überdies die «Uraufführung» der Oper im Jahre 1946 auf Schloß Mühringen bei Horb. Hier wurden für den französischen Militärgouverneur in nun umgekehrter Besatzungssituation nur einzelne Ausschnitte in ebenfalls nichtöffentlicher Aufführung mit Klavierbegleitung dargeboten. [80] Der Titel war zwar dabei in «Yvan le terrible» geändert worden, die Gesangstexte aber nicht, wie Mina Curtiss angibt, bearbeitet.

Am 3. Oktober 1975, zum Gedenken des 100. Todesjahres Bizets, erklang die Musik von *Ivan IV.* zum erstenmal so, wie sie besten Gewissens nach der Hinterlassenschaft des Komponisten realisiert werden konnte: in einem Konzert mit dem BBC-Northern-Orchestra unter Bryden Thomson in Manchester. [81] Die szenische Aufführung, die 1951 am Grand Théâtre in Bordeaux stattfand, stützte sich hingegen auf eine Version, die Henri Busser im Auftrag des Verlegers Choudens hergestellt hatte. Busser instrumentierte das Unfertige zwar zu Ende, kürzte aber wiederum an anderer Stelle und machte aus den fünf Akten vier. Die ohne jeglichen Zweifel als Hosenrolle gedachte Partie des *jeune Bulgare* widmete er

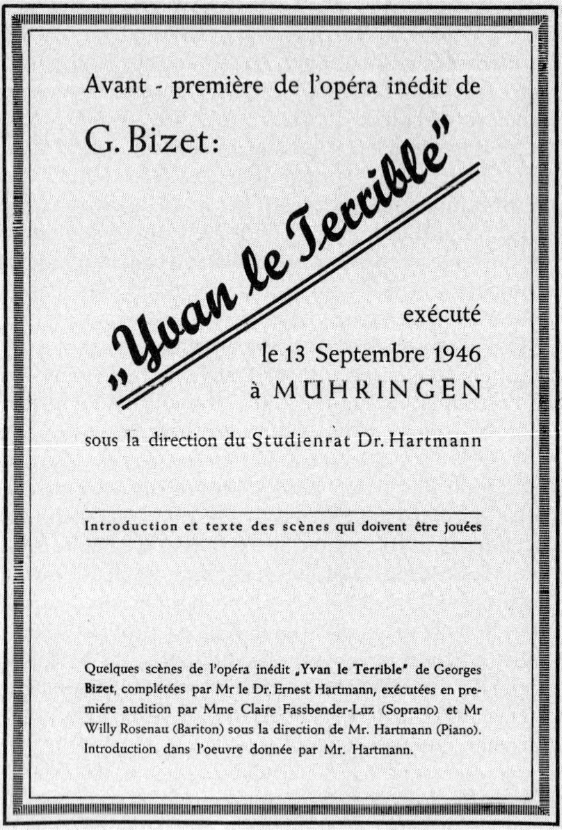

Avant - première de l'opéra inédit de

G. Bizet:

„Yvan le Terrible"

exécuté

le 13 Septembre 1946

à MÜHRINGEN

sous la direction du Studienrat Dr. Hartmann

Introduction et texte des scènes qui doivent être jouées

Quelques scènes de l'opéra inédit „Yvan le Terrible" de Georges Bizet, complétées par Mr le Dr. Ernest Hartmann, exécutées en première audition par Mme Claire Fassbender-Luz (Soprano) et Mr Willy Rosenau (Bariton) sous la direction de Mr. Hartmann (Piano). Introduction dans l'oeuvre donnée par Mr. Hartmann.

«Yvan»-Programm in Mühringen, 1946

einem Tenor, was einen ziemlich verzerrten Eindruck von Bizets Musik entstehen läßt. Diese Version der Oper lag auch der deutschen Erstaufführung 1951 in Köln zugrunde.[82]

Bizet hatte sich bei seiner Zarenoper auf ein Sujet eingelassen, das in keiner Weise seinem Naturell entsprach. Auch hatte er wohl wenig Ahnung von dessen historischer Komponente, die ohnehin nur noch in Spuren das Textbuch Leroys und Trianons durchzog. Die bedeutenden Werke Modest P. Mussorgskys und anderer prägen heute das Bild des historischen Rußlands in der Oper derart, daß Bizets *Ivan IV.* sich einem diesbezüglichen Vergleich stellen müßte, der trotz mancher musikalischer Qualitäten nur zu seinem Nachteil ausfallen kann.

Lieder und Klavierstücke

Nachdem die für die neue Oper erwarteten Einkünfte ausgeblieben waren, mußte Bizet etliche Gelegenheitsarbeiten für verschiedene Verleger, nicht nur für Choudens, sondern auch für Heugel und Hartmann annehmen. Da er schnelles Arbeiten gewohnt war, fiel es ihm relativ leicht, in kurzer Zeit beispielsweise eine Klavierbearbeitung von Mozarts «Don Giovanni» zu arrangieren. In dieser Oper wurden Christine Nilsson als Donna Elvira und Adelina Patti als Zerlina gerade am Théâtre Lyrique enthusiastisch gefeiert.

Die damaligen Klavierbearbeitungen von Opernpartituren waren nicht immer Klavierauszüge im heute üblichen Sinne, wo nur der Orchesterpart auf das Tasteninstrument übertragen ist, sie bezogen vielmehr auch die Solo- und Chorpartien mit in den Klaviersatz ein. Diese Transkriptionen dienten dem Opernfreund, der zu Hause Erinnerungen an den Theaterabend wachrufen wollte. So gibt es von Bizet arrangiert Klavierversionen von einzelnen Stücken aus Opern von Ambroise Thomas und eine Zusammenstellung von populären Gounod-Opernchören. Bei Heugel gab er schließlich eine umfangreiche Sammlung von Opernbearbeitungen, jeweils zwei Serien mit französischen, italienischen und deutschen Opernausschnitten unter dem Titel «Le pianiste chanteur» heraus. Darüber hinaus waren auch vierhändige Klavierarrangements sehr gefragt; von Bizets Hand existieren solche Fassungen unter anderem von «Casta Diva» aus Bellinis «Norma» und von der «Méditation de Ch. Gounod sur le premier prélude de Bach», besser bekannt als «Ave Maria» von Bach/Gounod. Auch Salonorchester-Bearbeitungen sicherten sein tägliches Brot. Diese unkreativen Handlangerarbeiten vervollkommneten sein großes handwerkliches Geschick bei der Arbeit an eigenen Partituren.

Da er aber inzwischen durch die *Perlenfischer* schon einen für Verleger durchaus geschäftsträchtigen Namen hatte, lag es nahe, auch eigene Kompositionen anzubieten, Gebrauchsmusik, wie sie verlangt wurde: leichte bis mittelschwere Klavierstücke und klavierbegleitete Lieder. Beim zeitgenössischen Publikum soll Bizets Klavierstück *La chasse fantastique* (*Die phantastische Jagd*) sehr gut angekommen sein. Ebenso bei Marmontel, dem es gewidmet ist: «Es hat ritterlichen und diabolischen

INTRODUCTION À L'ART DU CHANT DE S. THALBERG

LE

PIANISTE CHANTEUR

CÉLÈBRES ŒUVRES

DES

MAITRES ITALIENS, ALLEMANDS ET FRANÇAIS

TRANSCRITES POUR PIANO

SOIGNEUSEMENT DOIGTÉES ET ACCENTUÉES

PAR

GEORGES BIZET

BELLINI, CHERUBINI, CIMAROSA, DONIZETTI, LULLI, MARCELLO, MERCADANTE, PAISIELLO

Ire SÉRIE

LES MAITRES ITALIENS

PERGOLÈSE, PORPORA, ROSSINI, SALIERI, SCARLATTI, STRADELLA, VACCAJ, VIOTTI

			FR.	C.
1	Pergolese.	*Tre Giorni son che Nina*, arietta	3	»
2	Bellini.	*Soccorso, sostegno*, quintetto. I CAPULETTI	3	»
3	Paisiello.	*La Rachelina*, arietta	3	»
4	A. Scarlatti.	*Lasciate mi morir*, canzonetta	3	»
5	Rossini.	*Io sono docile*, aria. IL BARBIERE DI SIVIGLIA	4	»
6	Cimarosa.	*Io ti lascio*, duetto. IL MATRIMONIO SEGRETO	4	»
7	Bellini.	*Mira, o Norma*, duetto. NORMA	3	»
8	Salieri.	*Je suis né natif de Ferrare*, chanson. TARARE	3	»
9	Bellini.	*Sovra il sen la man mi posa*, CAV. LA SONNAMBULA	5	»
10	Rossini.	*Una volta, c' era un re*, canzonetta. CENERENTOLA	3	»
11	Bellini	*Ah! vorrei trovar parola*, duetto. LA SONNAMBULA	5	»
12	Rossini.	*Assisa al piè d'un salice*, romanza. OTELLO	4	50
13	Rossini.	*Deh! calma o ciel!* preghiera. OTELLO	3	»
14	Bellini.	*Meco tu vieni, o misera*, cavatina. LA STRANIERA	3	»
15	Donizetti.	*Io son ricco e tu sei bella*, barcarola. L'ELISIRE	3	»
16	Bellini.	*Oh! di qual sei vittima*, terzetto. NORMA	4	50
17	Rossini.	*Zitto, zitto!* duetto. CENERENTOLA	5	»
18	Lulli.	*Voi siete il ristoro*, duetto	3	»
19	Rossini.	*Zitti, zitti!* terzetto. IL BARBIERE DI SIVIGLIA	3	»
20	Bellini.	*Tu non sai con quei begli occhi*, aria. LA SONNAMBULA	4	50
21	Donizetti.	*Nel veder la tua costanza*, aria. ANNA BOLENA	4	»
22	Bellini.	*Vien diletto, è in cielo*, aria. I PURITANI	5	»
23	Rossini.	*Ecco ridente il cielo*, cavatina. IL BARBIERE	4	»
24	Rossini.	*Deh! raffrena* quintetto. IL TURCO IN ITALIA	3	»
25	Rossini.	*Se inclinassi a prender moglie*, duetto. L'ITALIANA	5	»
26	Vaccaj.	*Ah! se tu dormi*, cavatina. GIULIETTA E ROMEO	4	»
27	Cherubini.	*Un bienfait n'est jamais perdu*, rom. 2 JOURNÉES	3	»
28	Mercadante.	*Bella adorata*, romanza. IL GIURAMENTO	4	»
29	Rossini.	*Pace e gioja sia con voi*, duetto. IL BARBIERE	3	»
30	Marcello.	*Signor, non tardi dunque*, psaume	3	»
31	Donizetti.	*Ah! non avea più lagrime*, rom. MARIA DI RUDENS	4	»
32	Rossini.	*Fredda ed immobile*, finale. IL BARBIERE	3	»
33	Bellini.	*Deh! non volerli vittime*, finale. NORMA	4	»
34	Viotti.	Fragment d'un duo pour deux violons	4	»
35	Bellini.	*D'un pensiero e d'un accento*, finale. LA SONNAMBULA	4	»
36	Rossini.	*Buona sera, mio signore*, quintetto. IL BARBIERE	3	»
37	Bellini.	*Ite sui colli*, introduzione e coro. NORMA	4	»
38	Marcello.	*I cieli immensi narrano*, psaume	3	»
39	Donizetti.	*Una furtiva lagrima*, romanza. L'ELISIRE D'AMORE	3	»
40	Bellini.	*A una fonte afflito e solo*, romanza. I PURITANI	4	50
41	Rossini.	*Mi manca la voce*, quartetto. MOSÈ IN EGITTO	4	»
42	Bellini.	*Casta diva*, cavatina. NORMA	4	50
43	Cherubini.	*Dors, noble enfant*, chœur. BLANCHE DE PROVENCE	4	»
44	Donizetti.	*Adina, credimi*, finale. L'ELISIRE D'AMORE	4	»
45	Bellini.	*A te o cara amor talora*, quartetto. I PURITANI	4	»
46	Rossini.	*Ah! chi ne aita?* coro. MOSÈ IN EGITTO	4	50
47	Porpora.	Fragment d'une sonate pour violon	3	»
48	Rossini.	*Dal tuo stellato soglio*, preghiera. MOSÈ IN EGITTO	4	50
49	Stradella.	*Se i miei sospiri*, aria di chiesa	4	50
50	Bellini.	*Credea si misera*, finale. I PURITANI	5	»

LA SÉRIE COMPLÈTE, NET : 50 FRANCS

Paraitront successivement les 2mes et 3mes Séries, consacrées aux Maîtres allemands et français.

(TOUTE REPRODUCTION EST RIGOUREUSEMENT INTERDITE)

Paris, au MÉNESTREL, 2 bis, rue Vivienne, HEUGEL et Cie, éditeurs-fournisseurs du CONSERVATOIRE

— Propriété pour tous Pays —

Klavierarrangements von Bizet

Ausdruck der alten Legenden. Es ist ein phantasievolles Werk … ein epischer Ritt durch die Geisterwelt.»[83] Daß dieses Jagdstück, wie oft vermutet wurde, eine Klavierfassung der verlorengegangenen symphonischen Ouvertüre *La chasse d'Ossian* sein könnte, ist unwahrscheinlich; zu deutlich sind die Merkmale der Salonvirtuosität mit rauschenden Arpeggi. Hier hat Bizet gewiß nicht orchestral gedacht. Die langsamen Einleitungstakte erinnern an Webers «Aufforderung zum Tanz»; die amüsante Spielerei mit Jagdhorn-Motiven ist das charakteristischste Merkmal.

Der Tod des vielgelesenen, später aber nur noch wegen seiner Mitarbeit am Libretto von Verdis «Don Carlos» erwähnten Dichters Joseph Méry (1798–1865) war ein Anlaß für den Verleger Heugel, Bizet mit einem ganzen Zyklus von Klavierstücken zu beauftragen. Auch war die Faszination der Rhein-Romantik in Frankreich noch immer sehr lebendig. Ihr bedeutendstes literarisches Dokument, «Le voyage au bord du Rhin» (1842) des nun über sechzigjährig in der Verbannung auf der Insel Guernsey lebenden Victor Hugo, hatte Bizet gelesen. Méry war der Librettist von Félicien Davids «Herculanum» (1859) und auch Reyers «Érostrate» gewesen, so daß Bizet ihn vermutlich 1862 in Baden-Baden persönlich kennengelernt hatte.

Seit Madame de Staëls Buch «L'Allemagne» (1813) war der Rhein ein zentrales literarisches Motiv mit seinen Burgen, Weinbergen und Seitentälern, in denen bei den Franzosen so beliebte Badeorte wie Ems, Baden und Bad Schwalbach lagen, wo die Kaiserin Eugénie zu kuren pflegte. Zwangsläufig gerieten auch die Komponisten unter diesen Einfluß; die

Andernach. Bords du Rhin. Zeichnung von Victor Hugo, 1840

rein literarische Rhein-Begeisterung hatte ihren Höhepunkt aber 1865 schon überschritten und es mischten sich politische Untertöne hinein.

Die Rhein-Dichtungen Mérys, die Vorlage von Bizets sechs *Chants du Rhin* wurden, sind poetische Konfektion. Wichtig waren vor allem der romantische Gestus und das schwärmerische Berichten vom fernen Land und fremden Leuten, was nicht unbedingt authentisch sein mußte. Méry unterstellt in «Prélude», dem ersten seiner «Rheingesänge», daß nicht nur Beethoven, sondern auch Gluck, Mozart und Weber von den «blauen Buchten» dieses Flusses stammen.[84] Schließlich gehört zu Mérys Rhein-Impressionen sogar eine Zigeunerin; ihr gilt das vierte scherzoartig bewegte Stück des Zyklus, *La Bohèmienne*, dem Bizet einen eher an Liszt angelehnten ungarischen Tonfall gab.

Am ehesten programmatisch sinnfällig sind der zweite und der letzte Teil der *Chants du Rhin*, die mit Hufgetrappel und auffordernder Emphase Aufbruch und Rückkehr beschreiben; *Le retour* ist Camille Saint-Saëns gewidmet. Im ganzen dominiert aber eine etwas unverbindliche Einheitsemotion im Stil der zeitüblichen «Lieder ohne Worte». Bei *Confidences*, also *vertraulichen Mitteilungen*, versucht Bizet auch nicht ansatzweise, eine musikalische Assoziationsebene zu finden, wie Robert Schumann zum Beispiel in «Wichtige Begebenheit».[85] Trotzdem verkauften sich die *Chants du Rhin* nicht schlecht; später stellte Maurice le Boucher sogar eine Orchesterversion her.

Ein ganzes Kapitel seiner Bizet-Biographie widmet Michel Cardoze einer Begegnung vom Herbst 1865. In Le Vésinet war eine wohlhabende Dame von schillernder Reputation Nachbarin der Bizets geworden. Der gerade siebenundzwanzigjährige Komponist machte ihre Bekanntschaft im Vorortzug von der Gare Saint-Lazare nach Bougival. Die als Elisabeth Céleste Vénard geborene Einunddreißigjährige konnte von einem bewegten Leben erzählen. Unter dem Namen Céleste Mogador war sie Zirkusreiterin und Schauspielerin gewesen sowie Geliebte zahlreicher einflußreicher Männer, unter ihnen auch Künstlern wie Alfred de Musset. Dies soll sie sich teilweise habe entgelten lassen, so daß Winton Dean unverblümt von einer Hure spricht. Als Ehefrau des französischen Konsuls Graf de Moreton de Chabrillan war sie dann nach Australien gegangen und als dessen Witwe 1858 wieder nach Frankreich zurückgekehrt. Sie schrieb auch Geschichten und Stücke, obwohl des Schriftfranzösischen nur bedingt kundig. Diese Bücher fanden aber weite Verbreitung.

Nach dem Tod der Mogador im Jahre 1909 fand man eine Fortsetzung ihrer bereits zu Lebzeiten veröffentlichten Erinnerungen, in der sie auch über den jungen Komponisten berichtet, der sein Sommerhaus in der Nähe ihres Chalet Lionel (so der Vorname des verblichenen Grafen Chabrillan) gehabt hatte. Als Quelle sind diese nachträglichen Aufzeichnungen einer hochbetagten Lebedame über den lange verstorbenen und nun weltberühmten Bizet kaum dienlich.

Céleste Mogador

Sicher pflegte man gutnachbarliche Beziehungen, besonders unter Künstlern, wenn auch so unterschiedlicher Provenienz und divergierenden Anspruchs. Die Mogador soll bisweilen in Cafés unter anderem ein Liedchen von Sebastián Jradier (1809–65) gesungen haben. Der Spanier Jradier war – nach Paris gekommen als Gesangslehrer der aus Spanien stammenden Kaiserin Eugénie – ein ziemlich populärer Salonkomponist. Auch Adelina Patti und Pauline Viardot hatten Lieder Jradiers in ihrem Repertoire, ebenso besaßen Georges Bizet und sein Vater einige seiner Kompositionen. Daß Georges Bizet später in *Carmen* eine Jradier-Melodie entlehnt, ist wohl gleichermaßen zufällig und zeitbedingt, wie es auch die Auftritte der Mogador mit Jradiers «Ay Chiquita» waren. Hier wurde später ein angeblich bedeutsamer Zusammenhang mit *Carmen* vermutet: die Mogador sei das Vorbild für diese Opernfigur gewesen.

«Importante, Céleste? Oh oui!» meint zwar Cardoze. Für Georges Bizet war die Begegnung mit ihr aber wohl doch nicht mehr und nicht weniger als eine unterhaltsame Ablenkung vom arbeitsreichen Alltag draußen vor der Stadt. Außerdem hatte sie ein größeres Haus als er und einen Flügel im Salon, auf dem er gelegentlich gern spielte. Nennenswerte Einflüsse der Mogador auf Bizets Leben und sein Werk, das stets in dessen Mittelpunkt stand, lassen sich nicht finden. Sie war nur die einzige nähere Bekanntschaft des bürgerlich-moralischen jungen Mannes mit der demi-monde, sie nach eigenen Angaben als eine «brave camarade», er ein «bon garçon».

Die *Chants du Rhin* wurden zu Jahresbeginn 1866 veröffentlicht. Bizet trat nun auch wieder gelegentlich als Pianist auf, meist mit eigenen Werken und Arrangements, um nicht als ausgesprochener Konzertpianist, sondern als klavierspielender Komponist zu gelten. Durch Gounod war er der Prinzessin Mathilde, der Tochter Jérômes, des 1860 verstorbenen jüngsten Bruders Napoleons I., vorgestellt worden. So kam es, daß er ab und zu auch gebeten wurde, bei besonderen gesellschaftlichen Anlässen zu spielen. Daneben – ein neuer Opernauftrag war nicht in Sicht – widmete Bizet sich Liedkompositionen.

Diese waren in Frankreich als «mélodies» – oder wenn sie sich deutschen Vorbildern anlehnten «le lied» – sehr beliebt. Die meisten dieser Gesangsstücke zum Teil namhafter Komponisten sind wie auch diejenigen Bizets als Gelegenheitskompositionen für den hausmusikalischen Gebrauch entstanden. Eine große Ausnahme waren bereits zu Lebzeiten ihres Komponisten die sechs Lieder von Hector Berlioz aus dem Jahre 1834 auf Gedichte von Théophile Gautier, die er unter dem Titel «Les nuits d'été» zusammengefaßt hatte.

Eine mélodie auf einen Text Victor Hugos, des Patriarchen der französischen Literatur, hatte Bizet schon zuvor komponiert, aber noch nicht veröffentlicht: *Les Adieux de l'hôtesse arabe* aus dessen Gedichtzyklus «Les Orientales». Winton Dean nennt es das «vermutlich beste Lied Bizets»[86]. Auf einen ostinaten Rhythmus

entfaltet Bizet hier eine melancholische Kantilene, mit der eine orientalische Schöne von einem weiterziehenden *jeun'homme – beau voyageur* sehnsüchtigen Abschied nimmt. Am Ende stehen Koloraturen wie in Verdis «maurischem Lied» der Prinzessin Eboli, dem «Chanson du voile» aus «Don Carlos». Wie auch in *Pastorale*, ein Lied, das er 1868 auf einen ostinaten Siciliano-Rhythmus komponiert, ist hier eine auf die Figur der Carmen und ihre beiden Vorgängerinnen Mab und Djamileh deutende Behandlung der Stimme zu erkennen. Auf jeden Fall folgt der Komponist dem von Félicien David geformten orientalistischen Stil, der zwar nicht wie das Vorbild «Morgenland aus erster Hand»[87] bietet, jedoch stimmungsvoll die ebenfalls unauthentische Exotik des Textes musikalisch spiegelt.

Unter dem Titel *Feuilles d'Album* erschienen bei Heugel 1866 sechs Liedkompositionen Bizets. Die Texte stammten unter anderem von Alphonse de Lamartine, dessen Gedicht *L'âme triste est pareille au doux ciel* seinerzeit Bizets allererster Versuch mit einer «melodie» gewidmet war, und wiederum von Victor Hugo. (Auch Richard Wagner hatte als junger Mann Gedichte Hugos und Pierre de Ronsards, von dem «Sonnet» aus den «Feuilles d'Album» stammt, vertont.[88]) Hugos *Guitare* wird in Bizets Vertonung zu einem temperamentvoll rhythmischen Vorecho der tänzerischen Momente von *Carmen*.

Adieu à Suzon auf ein Gedicht von Alfred de Musset ist eine der wenigen ausgedehnteren Liedkompositionen Bizets. Hier wird deutlich die melodie-traditionelle Einheitsform aufgebrochen, weil der Text spürbar über sie und auch den üblichen eindimensionalen Affekt hinausgeht. Bizets trotz routinierten Zugriffs brillante Behandlung von Text und Stimme, das gezielte Einsetzen von Melismen und einer wirkungsvollen Klavierstimme zeigt sich sehr anschaulich in *Chanson d'Avril* (auf einen Text von Louis Bouilhet), wo er den Ausruf *l'amour* geschickt in den Mittel- und Höhepunkt rückt.

Zwei andere mélodies aus Bizets übrigem Liedschaffen lassen sich aber vor dem Hintergrund der Gelegenheitsarbeiten schwer einordnen: das vermutlich 1868 entstandene *La chanson du fou* nach Hugo und *Absence*, veröffentlicht 1872, dessen Entstehung nicht datierbar ist. Das *Narrenlied* ist ganz deklamatorisch in rhythmischer wie melodischer Monotonie angelegt.

Die introvertierte Melancholie dieses kurzen Stücks, die schlichte, aber akzentuiert mit dem Gesang korrespondierende Begleitung bewirken Assoziationen an Schuberts «Winterreise». Hier hat sich Bizet ohne erkennbare Zugeständnisse an den Publikumsgeschmack auf ein eigenwilliges Gedicht eingelassen. Bezeichnenderweise ist dies auch das einzige Bizet-

Napoleon III.

Lied, das Dietrich Fischer-Dieskau auf einer Schallplatte interpretiert hat.[89]

Daß Bizet eines Tages[90] das Gedicht *Absence* von Théophile Gautier vertonte, war sicherlich kein Zufall. Die drei ersten der insgesamt acht Strophen hatte Berlioz 1834 in seinen Zyklus «Les nuits d'été» aufgenommen. Statt zur dritten geht Bizet nun aber nach den beiden ersten zur sechsten und achten über und nimmt sich tatsächlich des dichterischen Bildes an, das Gautier in den von Berlioz aufgegriffenen Textpassagen nur vorbereitet: *Für mich, mein Herz, gehe hin, um dich wie eine verwundete Taube am Rand ihres Daches niederzulassen*. Anders als Berlioz, der Ton und Text zu verschmelzen suchte, übernahm Bizet die dichterischen Intentionen, ordnete sie nicht einem persönlichen Ausdrucksbegehren unter. Bizet findet für die vier Strophen Gautiers eine adäquate zweiteilige musikalische Form; der Duktus der Poesie wird belassen, Musik und Worte greifen durch das Handwerk des Komponisten ineinander.

Die Durchdringung der Worte durch die Musik, gar die Konstruktion einer eigenen Sprache, wie sie Wagner für seine Musikdramen benötigte, war nicht Bizets Anliegen. Der organische Zusammenhang zwischen Ton und Text, die beide ihre Integrität bewahren, entsteht bei ihm in erster Linie durch die Bühne, durch Handlung und Charakteristik von Personen und Plätzen. Als Liedkomponisten gelangen ihm deshalb nur wenige Schritte über den gängigen Zeitgeschmack hinaus.

Zwischendurch dachte Bizet immer an Opernprojekte, machte Skizzen, ging dabei aber nie sehr weit, denn er war Realist. Er durfte sich nicht mit Vorhaben behindern, deren Aufführungschancen ungewiß waren. Er wartete auf einen interessanten Auftrag einer der drei Pariser Opernbühnen, denn nur so war auch an die besseren Libretti zu gelangen. Unter den zahlreichen von Verleger Choudens und Bizets Erben postum veröffentlichten Liedern ist vieles aus solchen aufgefundenen Opernskizzen mit neu unterlegten Texten zusammengestellt worden und somit nicht authentisch. Außerdem kamen auch Opernarien ohne nähere Quellenangabe als Lieder in Umlauf.

Léon Carvalho hatte inzwischen das Théâtre Lyrique finanziell wieder so weit saniert, daß er Bizet einen neuen Opernplan vorschlagen konnte. Unter seiner Leitung war dieses nach der Opéra und der Opéra Comique dritte Pariser Musiktheater zur Stätte der Innovation der französischen Oper geworden. Carvalho stand dem Théâtre Lyrique unter tätiger Mithilfe seiner Frau, der Sängerin Caroline Miolan, die bei Bizets Onkel Delsarte studiert hatte, nun seit zehn Jahren vor. 1825 auf Mauritius mit dem Namen Carvaille geboren, war er zunächst Sänger an der Opéra Comique gewesen und hatte dann als Leiter seines eigenen Theaters dieses nicht nur durch wichtige Uraufführungen profiliert, sondern dort auch die französischen Erstaufführungen vieler Werke Mozarts und der Zeitgenossen Verdi und Wagner in französischer Sprache ausgerichtet.

Bizet unterzeichnete den Vertrag mit ihm im Juli 1866. Anfang dieses Monats hatten im böhmischen Königgrätz preußische Truppen unter Bismarck und Moltke die österreichische Armee besiegt. Das bedeutete für Napoleon III. vor allem eine Schwächung seiner italienischen Interessen. Das Königreich Italien, das nun um Venetien erweitert war, gewann an Gewicht gegenüber dem von Frankreich gestützten Kirchenstaat in Rom. In Frankreich wünschte man «Rache für Sadowa», dem im Französischen besser auszusprechenden Namen eines Orts bei Königgrätz. Der französische Kaiser machte Ansprüche auf linksrheinische Gebiete, Mainz und Luxemburg einschließend, geltend.

Schottland mit Zigeunerin

Für den November 1866 hatte die Opéra Comique die Uraufführung von Ambroise Thomas' «Mignon» angekündigt. Der Text dieser Wilhelm-Meister-Oper stammte von Barbier und Carré, die schon mit Gounods «Faust» einen Goethe-Stoff für die französische Bühne adaptiert hatten; die Schauplätze waren zwar Deutschland und Italien, aber auch in «Mignon» sorgten Zigeunertänze und -chöre für folkloristisches Kolorit. Carvalho entschied sich ebenfalls für einen nicht ausgesprochen orientalistischen Stoff. Er mußte sich dabei mit dem routinierten Gespann Vernoy de Saint-Georges und Jules Adenis bescheiden, die er mit einem Operntext nach Walter Scotts «St. Valentine's Day, or The Fair Maid of Perth» («St. Valentinstag oder Das schöne Mädchen von Perth») beauftragte. Von beiden war Saint-Georges der relativ bedeutendere; seit 40 Jahren im Metier tätig, hatte er mit Scribe zusammen für Auber arbeiten dürfen, für Adolphe Adam ein «Falstaff»-Libretto verfaßt, fünf Operntexte für von Flotow und war der literarische Urheber der «Fanchonette» Clapissons.

Die historischen Romane des Sir Walter Scott (1771–1832) waren in der ersten Hälfte des 19. Jahrhunderts eine beliebte Lektüre in ganz Europa. Scott hatte seinerzeit mit einem alpinen Sujet «Anna von Geierstein» begonnen, sich dann aber ausschließlich mit der Schilderung von geschichtlichen Begebenheiten aus seiner schottischen Heimat befaßt. Seine Romane wurden Vorlage für manchen Operntext. Antonio Pacini hatte schon 1826 nach Scotts «Ivanhoe» ein «Pasticcio» mit Musik aus verschiedenen Werken Rossinis zusammengestellt, später stützte sich Otto Nicolai mit seinem «Templario» auf dieselbe Vorlage. Auch «Kenilworth» und «The Lady of the Lake»[91] des schottischen Dichters waren schon vertont worden. Die bekannteste Scott-Oper war aber zu Bizets Zeiten nicht wie heute Donizettis «Lucia» nach «The Bride of Lammermoor», sondern Boieldieus «La dame blanche» («Die weiße Dame»), für die sich Scribe verschiedener Scottscher Motive bedient hatte.

«St. Valentine's Day» spielt in der Stadt Perth, die zu Beginn des 15. Jahrhunderts Sitz der schottischen Könige war. «Fehlt dem Buch einerseits das andere Schottland-Romane des Autors kennzeichnende liebevolle Eingehen auf das typisch schottische Ambiente, so hat es andererseits den Vorzug, daß erfundene Handlung und historische Wirklichkeit einander sinnvoll ergänzen und akzentuieren. Zwar schöpft Scott auch hier aus seinem Arsenal romantischer Handlungsrequisiten, doch ist seine Darstellung des durch Machtkämpfe der Privilegierten und Mißachtung der Menschenwürde zerbröckelnden spätmittelalterlichen Feudalsystems durchaus antiromantisch», urteilt Jérôme von Gebsattel.[92] Inbegriff der Romantik auf dem Theater waren damals in Frankreich eigenartigerweise die Werke Shakespeares und Goethes, weniger allerdings die musikalischen Adaptionen ihrer Dramen. In Deutschland galten beide Dichter als Klassiker. Bei der französischen Oper hingegen führten das drame lyrique, die Werke Gounods und schließlich Bizets zum Verismus. Die bei der deutschen Oper etwa von «Freischütz» (1821) und «Parsifal» (1882) markierte Zeit der explizit romantischen Oper hat in Frankreich keine Parallele.

Schon im literarischen Vorwurf von *La jolie fille de Perth* findet sich also keine operngerechte Voraussetzung etwa für die couleur locale von Dudelsack-Klängen; dafür machten die beiden Librettisten einfach aus der provenzalischen (!) Bänkelsängerin Louise die obligatorische Opernzigeunerin, der sie merkwürdigerweise nach einer altirischen Sagengestalt den Namen Mab gaben. Vielleicht war dies auch ein von Carvalho gewünschter dramaturgischer Etikettenschwindel. Vor Bizets Oper sollte nämlich Gounods «Romeo und Julia»-Vertonung herauskommen. In Shakespeares Stück ist die Erzählung Mercutios von Mab, «the fairies' midwife» (Hebamme der Feen), eher marginal; in Gounods Oper hingegen ist die «Ballade de la Reine Mab» ein musikalischer Mittelpunkt des ersten Akts. Zudem kannte man in Paris das Scherzo «La Reine Mab» aus Berlioz' «Roméo et Juliette»-Symphonie.

Die aufführungspraktischen Kompromisse mit ihren nachhaltigen Einflüssen auf die Rezeption von Bizets zweiter von Carvalho aufgeführten Oper begannen bereits mit der Uraufführung. Bizet war zu Kürzungen gezwungen, nachdem er die Oper unter enormem zeitlichem Druck hatte fertigstellen müssen. Spätere Herausgeber und Bearbeiter taten das Ihre, so daß es bis 1985 dauerte, daß David Lloyd Jones nach den Manuskripten eine weitgehend authentische Urfassung rekonstruierte, die einer ersten Schallplattenaufnahme zugrunde gelegt wurde.[93]

Max Kalbeck, der in seinen damals vielbeachteten und aufschlußreichen Urteilen nicht immer gerecht war und es im Fall der *Jolie fille* mangels Kenntnis des Originals auch nicht sein konnte, befand 1883 nach der Wiener Erstaufführung, die auf einer Bearbeitung von Julius Hopp beruhte: «Wir glauben Gounod und Auber zu hören und finden daneben Beethoven, Weber, Schubert und Marschner; auch Wagners, Verdis, Meyerbeers und Offenbachs Schatten ... eine etwas gemischte, aber im Ganzen gute und vornehme Gesellschaft. Nur Einer ... ist kaum zu erkennen: Bizet selbst ... So schwach die Musik Bizets ist, welche sich bemüht, dem

Charles Gounod

Libretto gerecht zu werden, so müssen wir den Komponisten doch bewundern, daß er es überhaupt fertig gebracht hat, diesen Unsinn bühnenfähig zu machen ...»[94] Kalbeck gab schließlich selbst eine neue «Bearbeitung für die deutsche Bühne» von Bizets Oper heraus, die sich dann noch weiter vom Original entfernte.

Als Bizet das auch erst in letzter Minute fertiggestellte Libretto in Händen hatte und seine Arbeit beginnen konnte, schrieb er an Galabert: *Mein «Mädchen von Perth» hat wenig Ähnlichkeit mit dem Roman. Es ist ein effektvolles Stück, aber die Typen sind zu wenig charakterisiert. Ich hoffe, diesen Fehler zu beseitigen. Es gibt da Verse... Ich halte mich beim Komponieren nicht an die Worte; mir würde keine Note einfallen.*[95]

Schauplatz des ersten Akts ist die Waffenschmiede des Henry Smith (Tenor). Nacheinander kommen einige erwartete und überraschende Gäste. Zuerst Mab, die sich vor zudringlichen Männern in Sicherheit bringen will. Dann erscheinen der Handschuhmacher Glover nebst Tochter Catherine, die Smith gern an diesem Valentinstag als seine Verlobte sehen möchte, und Glovers Lehrling Ralph. Glover bringt *pâté, du vieux whisky d'Ecosse, un succulent pudding* mit, was einer der wenigen Hinweise des Librettos auf den Ort der Handlung ist. Ein Unbekannter tritt auf, um seinen Dolch reparieren zu lassen; erst später wird er von Glover als der Königssohn und Herzog von Rothsay erkannt. Der Herzog, ein Bariton-

Martin[96], stellt Catherine nach, was Smith handgreiflich werden läßt. (In Scotts Roman bricht Rothsay in Glovers Haus ein, um Catherine zu entführen, was Smith verhindert.) Mab tritt aus ihrem Versteck dazwischen, um den Herzog, mit dem sie ein Verhältnis hat, zu schützen. Catherine hält die Zigeunerin wiederum für ihre Rivalin bei Smith, alle sind verwirrt und widmen sich Pastete, Pudding und Whisky. Bizet gelingt ein sehr stimmungsvolles Orchestervorspiel mit zwei für ihn typischen lyrischen Melodiebildungen.

Glovers Trinklied ist ein gediegenes Couplet eher konventionellen Zuschnitts. Formal gilt dies auch für das Couplet der Mab, nicht aber für die Behandlung des vokalen Ausdrucks bei diesem Lied. Hier ist ebenfalls viel von der Anlage der *Carmen*-Partie vorausgenommen. Es ist nicht evident, mit was für einer Stimme diese Rolle zu besetzen ist. Opernzigeunerinnen hatten nach dem gängigen Klischee Altistinnen oder wenigstens Mezzosoprane zu sein wie in Verdis «Troubadour», «Maskenball» und «Macht des Schicksals» oder Taven in Gounods «Mireille». Mab ist aber im Grunde eine Sopranpartie, allenfalls ein leichter Koloratur-Mezzosopran wie bei Rossini. Das heikel zu singende Couplet Mabs *Catherine est coquette* wurde bei der Uraufführung wahrscheinlich weggelassen.

Catherines Arie *Vive l'hiver*, in der sie den Karneval besingt, ist die einzige Konzession in einer Oper Bizets an virtuose Primadonnenwünsche, denen sich andere Komponisten viel häufiger bereitwillig beugten. Carvalho hatte ursprünglich nämlich vor, die Titelrolle der *Jolie fille* mit Christine Nilsson prominent zu besetzen. Mit diesem Namen auf dem Besetzungszettel wäre das kaufmännische Risiko der Uraufführung geringer gewesen.[97] Statt ihrer sang dann aber Jane Devriès.

In einem Terzett von Catherine, Smith und dem noch unerkannten Herzog findet Bizet zu originellem Tonfall, der im Quintett von *Carmen* wiederbegegnet (*De ce beau seigneur l'insolence...*). Dagegen weiß Bizet im Quartett der vorigen mit der bisher versteckten Mab, einem der Tiefpunkte des Textes von Saint-Georges und Adenis, auch nichts entgegenzusetzen: *Ah! la rencontre est imprévue! Une femme? Ah! le séducteur! – Oui, sa présence inattendue a desarmé mon bras vengeur!* (*Ach, das Zusammentreffen ist unvorhergesehen! Eine Frau? Ach! Der Verführer! – Ja, sein unerwartetes Erscheinen hat meinen rächenden Arm entwaffnet!*) In der Romanvorlage wird der Herzog, der Catherine, dem schönen Mädchen von Perth, hoffnungslos verfallen ist, mit deren Hilfe auf ein fernes Schloß gelockt und umgebracht. Im Opernlibretto bleibt er als allerdings ziemlich blutleere Figur weiter am Leben.

Der zweite Akt beginnt mit einem Marsch und Chor nachtwachender Bürger auf dem Hauptplatz von Perth. Hier zeigt sich erneut die im ersten Bild von *Don Procopio* und im letzten Akt von *Ivan IV.* bewiesene instinktsichere Begabung Bizets, eine Bühnensituation stimmungsvoll zu exponieren.

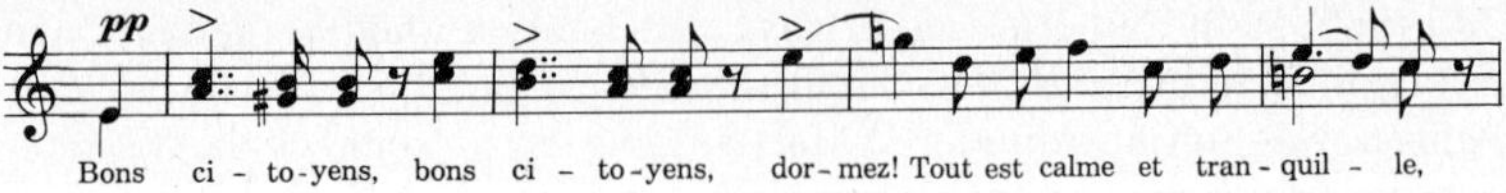

Es folgt ein Fackeltanz von Mabs Gefährtinnen in der nächtlichen schottischen Stadt. Als Balletteinlage für *Carmen* kam diese Episode später zu zahlreichen Aufführungsehren. Der sonst im positiven Urteil über andere Musiker sehr zurückhaltende Hugo Wolf war von dieser Musik «namenlos entzückt» und nannte sie «ein wildgraziöses Tonstück» mit «pikanten Rhythmen und seltsamen Harmonien».[98] Dieser Tanz wurde zusammen mit einer nicht von Bizet selbst arrangierten Orchesterversion des *Chœur de la ronde de nuit*, dem *Prélude* der Oper und Smiths *Serenade* als Suite[99] unter dem unsinnigen Obertitel «Zigeunerszenen» später relativ populär, während das Gesamtwerk *La jolie fille de Perth* durch solche Mißverständnisse immer mehr neben *Carmen* verblaßte.

Bizet sollte die Partitur der *Jolie fille de Perth* laut Kontrakt noch im Dezember 1866 dem Theater übergeben. Er unterbrach seine Arbeit nur für eine kleine Auftragskomposition, seinen einzigen a-cappella-Männerchor *Saint-Jean de Pathmos* auf einen Text von Hugo für ein belgisches Männerchor-Festival. Er hielt sich an die Terminabsprache mit Carvalho, was ihn dazu nötigte, im zweiten Akt Musik aus der nicht veröffentlichten *Don Procopio*-Partitur zu übernehmen: zuerst im Karnevalschor.

Schließlich versah er das Ständchen des Don Odoardo mit dem neuen Text *À la voix d'un amant fidèle* für Smiths *Serenade*. Er schloß aber an diese italianisierende Stilübung aus seinem Opernerstling ein charakteristisches Zeugnis seiner nun zur Individualität gereiften Melodik an.

Plakat der Éditions Choudens

Nachdem er vergeblich vor Catherines Fenster gesungen hat, glaubt Smith, daß seine Angebetete auf dem Schloß des lüsternen Herzogs sei. Der Lehrling Ralph, der ungleich vielschichtigeren Gestalt namens Conachar, auch er ein Verehrer Catherines, in Scotts Roman nachempfunden, hat schließlich seine große Soloszene, die eklektizistisch nach verschiedenen Mustern (Kaspar im «Freischütz», Osmin in der «Entführung», Marcel in den «Hugenotten») angelegt ist, um den altbekannten Typus des ungeliebten, sich mit der Flasche tröstenden Bassisten vorzuführen.

Mittelpunkt des dritten Akts ist die Kavatine des Herzogs *Elle sortait de sa demeure*, ein anspruchsvolles Bravourstück, das in den gedruckten

Klavierauszügen von *La jolie fille de Perth* meist fehlt. Smith sucht Catherine vergebens auf dem Schloß Rothsays. Diese kommt schließlich vom Vater begleitet, der den Herzog zu ihrer Hochzeit mit Smith einladen möchte. Smith sieht eine Rose, die er Catherine gegeben hatte, am Gewand des Herzogs, die diesem aber von der eifersüchtigen Mab gegeben worden war, nachdem Catherine sie im ersten Akt zu Boden geworfen hatte. Smith beschuldigt Catherine, ihn betrogen zu haben. Catherine verliert den Verstand, und die Oper bekommt die dramaturgische Motivation für eine Wahnsinns-Szene nach dem Vorbild von Donizettis «Lucia di Lammermoor» und Meyerbeers «L'Étoile du Nord», was wohl der Sinn der eigenartig verschränkten Handlungsführung Saint-Georges' und Adenis' war.

Ralph versucht Smith von seiner ungerechten Haltung abzubringen; ein Zweikampf zwischen beiden soll als Gottesgericht den Zweifel an Catherines Tugend beseitigen. Bei Scott gibt es eine blutige Schlacht zwischen Conachars Clan und einem gegnerischen, nach der Conachar seinem Erzfeind Smith allein gegenübersteht und sich schließlich das Leben nimmt, worauf Catherine Smith ihr Jawort gibt. In der Oper wird das Valentinsfest gefeiert, und als Mab bemerkt, daß die verwirrte Catherine die Nachricht nicht versteht, daß der Herzog den Zweikampf verhindert hat und Smith am Leben ist, wendet sie einen psychotherapeutischen Trick an: sie verkleidet sich als Catherine und spielt dieser noch einmal die Szene vor, wie Smith im zweiten Akt vergeblich sein Ständchen gesungen hatte. *Das schöne Mädchen von Perth* findet seinen Verstand wieder und die Oper ein versöhnliches Ende.

Am 29. Dezember 1866 erhielt Carvalho die hektisch vollendete Partitur. Aber bis zur Generalprobe sollte es aus verschiedenen Gründen noch bis zum September 1867 dauern. Einer dieser Gründe war die Uraufführung der Oper «Deborah» – nach Scotts «Ivanhoe»! – eines wohlhabenden Dilettanten namens Devin-Duvivier, der die Produktionskosten selbst übernahm, was dem Theaterdirektor natürlich sehr gelegen kam.

Das Pariser Publikum erfreute sich in diesem Winter an einem neuen unterhaltsamen Zeitstück mit Musik von Jacques Offenbach, das im Theater des Palais Royal gespielt wurde: «La vie parisienne», in dem Ludovic Halévy und Henri Meilhac geistvoll und geschickt das Pariser Leben unter Napoleon III. mit all seinen Skurrilitäten porträtierten. Georges Bizet, jetzt 28 Jahre alt, wird vermutlich eine der Aufführungen dieser «pièce en 5 actes mêlée de chant» besucht haben, um sich bei den gekonnt geschriebenen Dialogen und den mit feinem Gespür gedichteten Gesangstexten zu Offenbachs eleganter Musik von seinen Mühen mit dem schottischen Opern-Galimathias zu erholen.

Er war sicher, für die Partitur der eigenen neuen Oper sein Bestes gegeben zu haben; nur war Bizets Verständnis vom musikalischen Theater zu

Offenbach und seine Werke. Zeichnung von Gustave Doré, 1867

ganzheitlich, um mit seiner Musik alles auszugleichen, was das Libretto an Wünschen offenließ. In seinen Opern wollte er nicht mehr die alten Typen und Handlungsmodelle, die oft genug nur austauschbarer Vorwand für schöne Musik waren, weiterleben sehen.

Meilhac und Halévy hatten bereits gemeinsam erfolgreiche Komödien geschrieben und auch das Textbuch zu Offenbachs «Barbe Bleue», der im Frühjahr 1866 herausgekommen war. Jetzt saßen sie schon wieder an einem neuen Buch für Offenbach. Nach Motiven aus Eugène Sues Roman «Die Geheimnisse von Paris» entstand «Die Großherzogin von Gerolstein». Halévy und Meilhac waren Meister im Umsetzen anspruchsvoller literarischer Vorlagen in publikumswirksame und dennoch niveauvolle Musiktheater-Texte.

Eduard Hanslick schrieb über Meilhacs Arbeit mit Offenbach: «In Frankreich ist das Schaffen einer Oper ein fortwährendes Zusammenarbeiten von Dichter und Tonsetzer... Dichter und Komponist bekommen einander (erg.: in Deutschland) oft gar nicht zu sehen... Während in Deutschland der Komponist an seinem Text wie an einem Brett festgenagelt liegt, ist dem französischen Komponisten das Libretto ein lebendiges Gewächs, das unter seinen Händen sich entfaltet...»[98] Leider verallgemeinerte der berühmte Kritiker hier einen glücklichen Ausnahmefall.

Der Erfolg von Offenbachs opéra bouffes markierte das definitive Ende der opéra comique als eigenständiger Form des heiteren musikalischen Theaters. Die Bouffes-Parisiens boten geistvolle Unterhaltung mit «leichter» Musik ohne den inzwischen immer größeren Aufwand der komischen Opern. Offenbach führte, wie Siegfried Kracauer feststellte, auch einen «Angriff auf das Pompöse»[100]. Die schlanke Instrumentation, die einen besonderen Reiz seiner Partituren ausmacht, war längst nicht mehr bloße Not der auferlegten Beschränkung, sondern oppositionelles Prinzip. Die schlichte Melodik diente der Unmittelbarkeit seines Theaters. Georges Bizet verfolgte mit Aufmerksamkeit die Tendenzen dieses Komponisten, der ihm durch den *Le Docteur Miracle*-Wettbewerb zu der frühen Erkenntnis verholfen hatte, daß das ausschließlich heitere Genre nicht das seine werden konnte. Bizet machte sich Offenbachs Achtung vor der «Kleinheit, die das Gegenteil aufgedunsener Großartigkeit ist»[101], zu eigen. Er sollte diesen Verzicht auf vordergründigen Aufwand im Stile der grand opéra schließlich bei *Carmen* beispielhaft in den Dienst seiner eigenen musikalischen Dramaturgie stellen, die auch tragische Konflikte zu schildern vermag.

1867 stand das Musik- und Theaterleben der französischen Hauptstadt ganz im Zeichen der Weltausstellung. Aus Wien kam Johann Strauß und stellte einem begeisterten Publikum seinen jüngsten Walzer «An der schönen blauen Donau» vor. Die wichtigsten Opernabende waren zweifelsohne die beiden Uraufführungen des Frühjahrs. Am 11. März kam in der Opéra das neueste Werk Verdis heraus: «Don Carlos», in französischer Sprache nach Schillers gleichnamigem Bühnenwerk. Das von Méry unvollendet hinterlassene Libretto hatte der Sekretär der Opéra, Camille du Locle, ein Neffe des Direktors Émile Perrin, fertiggestellt. Verdi versuchte hier, die fünfaktige Form der grand opéra mit obligatorischem Ballett auf seine Art zu erfüllen. Das Werk setzte sich international (und auch in Frankreich) erst in seiner von Verdi autorisierten italienischen Fassung – ohne Ballett – durch. Bizet urteilte hart: ... *ich bewundere «La Traviata» und «Rigoletto», «Don Carlos» ist eine Art Kompromiß. Keine Melodie, kein Ausdruck; es strebt nach Stil, aber es strebt nur. Der Eindruck war desaströs. Es ist ein völliger, absoluter Mißerfolg. Der Ausstel-*

lung wegen wird es vielleicht noch ein halber Erfolg, aber das ist trotzdem ein Desaster für Verdi.[102]

Ein eindeutiger Publikumserfolg war Gounods neuer Oper beschieden: «Roméo et Juliette» ist seit der Uraufführung am 27. April 1867 am Théâtre Lyrique im Repertoire der französischen Opernhäuser fest etabliert, wird aber im Gegensatz zu «Faust» (in Deutschland: «Margarethe») im Ausland selten aufgeführt. Bizet hatte mittelbaren Anteil am Erfolg seines väterlichen Freundes, den er für den *vollendetsten französischen Komponisten*[103] hielt; er durfte für die Éditions Choudens den Klavierauszug bearbeiten.

Aus anderer Perspektive war ihm der Erfolg dieser Oper weit weniger willkommen, verzögerte sich damit doch die nächste Uraufführung des Théâtre Lyrique. *La jolie fille de Perth* mußte aber ohnedies noch zurückgestellt werden, weil nach der Nilsson auch der vorgesehene Tenor nicht mehr zur Verfügung stand. Bizet fuhr selbst nach Bordeaux, um sich zu überzeugen, ob der ins Auge gefaßte Sänger Massy der Partie des Henry Smith gewachsen sei. Erst zum zweitenmal nach seiner Rückkehr aus Rom verließ er für wenige Tage seine Heimatstadt. Seit dem kurzen Besuch in Baden-Baden fünf Jahre zuvor war er nicht mehr fortgewesen.

Anläßlich der Weltausstellung wurden auch mehrere Wettbewerbe ausgerichtet. Des Preisgeldes wegen beteiligte sich Bizet – skeptischerweise unter Decknamen – an zweien davon mit einer Hymne und einer Kantate. Der Erfolg blieb aus, die Werke sind verschollen. Diese Wettbewerbe wurden unter höchst undurchsichtigen Bedingungen durchgeführt. Komponisten unterschiedlichster Provenienz beteiligten sich. Eines der wenigen ernst zu nehmenden und noch erhaltenen Ergebnisse ist Camille Saint-Saëns' Kantate «Les Noces de Prométhée».

Bizet gab weiterhin viele Unterrichtsstunden, auch einem neuen Korrespondenzschüler, Paul Lacombe aus Carcassonne, und arrangierte Thomas' «Mignon» für Klavier. Dem drei Jahre älteren Kollegen Saint-Saëns half er beim Klavierauszug seiner Oper «Le Timbre d'Argent», die auf ein Libretto von Barbier und Carré schon fertig komponiert, aber vorläufig noch ohne Uraufführungschance war. Auch Saint-Saëns' einzige heute noch geläufige Oper «Samson und Dalila» war schon komponiert, aber noch unaufgeführt.[104] Im Sommer begannen dann endlich die Proben zur *Jolie fille*. Bizet lernte in diesen Tagen den jungen Maler Henri Regnault kennen, der von seinem Villa Medici-Aufenthalt als Rom-Preisträger für einige Zeit nach Paris zurückgekommen war. Er hatte in seinen Bildern Reiseeindrücke aus dem Nahen und Fernen Osten verarbeitet und plante mit seinem Kollegen Georges Clairin für das kommende Jahr eine Spanien-Reise.

Da Bizet sich bisher noch nicht wie die anderen Pariser Komponisten als Kritiker und Musikjournalist betätigt hatte, bat ihn nun der Herausgeber der «Revue nationale et étrangère» um einen Beitrag für sein Blatt.

Unter dem anagrammatischen Pseudonym Gaston de Betzi schrieb Bizet aber nur einen einzigen Artikel. Einen zweiten zog er zurück, weil er mit redaktionellen Eingriffen nicht einverstanden war.

Ein schüchternes schamhaftes Schulmädchen in ihrem weißen Ballkleid ist bei ihrem ersten Walzer weniger nervös als ich in der Erwartung, mich selbst gedruckt zu sehen. So entschuldigt er gleich eingangs seinen ungelenken journalistischen Versuch. Der Aufsatz *Causerie musicale* (*Musikalische Plauderei*) vom 3. August 1867 ist aber dennoch die engagierte Stellungnahme eines Musikers, der das musikalische Phänomen vor dem Zerredetwerden und der Einteilung in Kategorien, seien sie nationaler oder ästhetischer und philosophischer Art, bewahren will: *Es gibt französische Musik, deutsche Musik, italienische Musik... Zukunftsmusik, Gegenwartsmusik... philosophische und ideologische Musik... Morgen werden wir Nadelmusik und Schraubenmusik haben, Druckpumpenmusik und Doppeldruckpumpenmusik... Für mich gibt es nur zweierlei Musik: gute und schlechte... Ein Dichter, Maler oder Musiker... denkt nach, zweifelt, faßt Begeisterung, verzagt, freut sich wieder und leidet ... und wenn er... vor uns hintritt und sagt «Seht und urteilt!», dann fragen wir ihn, anstatt uns ergreifen zu lassen, nach seinem Reisepaß...* [105]

Die Generalprobe von *La jolie fille de Perth* findet am 10. September zur Zufriedenheit des Komponisten statt. Choudens kauft die Aufführungsrechte, die Premiere wird aber ein weiteres Mal aufgeschoben.

In diesem Herbst schreibt Bizet an Galabert: *Ich habe ein wunderbares Mädchen kennengelernt. In zwei Jahren wird sie meine Frau sein.* [106] Die Formulierung irritiert. Die Rede ist von Geneviève Halévy, die inzwischen neunzehn Jahre alt ist. Natürlich kannte Bizet die Tochter seines Lehrers schon lange. Jetzt hält er um ihre Hand an. Die Familie Halévy macht aber Schwierigkeiten und widersetzt sich zunächst der Verlobung.

Über diese ablehnende Haltung wurde viel spekuliert. Vorbehalte gegenüber einem Musiker und Theatermann können es nicht gewesen sein, denn auch der verstorbene Jacques Fromental selbst, sein Bruder Léon und dessen Sohn Ludovic waren Künstler. Zudem kam Georges Bizet nicht aus ärmlichen Verhältnissen: ein Grundstück vor der Stadt, wie es der Vater Bizets neben der Stadtwohnung besaß, mit zwei wenn auch bescheidenen Häuschen konnte sich nicht jedermann leisten. Unüberwindbare soziale Unterschiede gab es also nicht. Auch galt Bizet als verheißungsvolles Talent und wurde von bedeutenden Kollegen gefördert. Sein Renommée war höchstens durch den unehelichen Sohn Jean Reiter etwas getrübt. Georges Bizet war ein areligiöser Humanist, was die Halévys als liberale Franzosen jüdischer Herkunft ebenfalls nicht gestört haben dürfte. Die Exzentrik der alten Madame Leonie, unter der vor allem die nunmehr einzige Tochter Geneviève zu leiden hatte, spielte sicherlich eine größere Rolle. Leonie Halévy führte außerdem pedantisch über die Tantiemen aus den Werken ihres verstorbenen Mannes Buch und war

Geneviève Halévy

vielleicht ungehalten darüber, daß Bizet den nachgelassenen «Noé» noch nicht vollendet hatte.

Die Premiere der *Jolie fille* wurde schließlich für den zweiten Weihnachtstag des Jahres 1867 angesetzt. Zwei Wochen davor stand aber noch ein anderes Werk zur Uraufführung am Théâtre Lyrique an: «Cardillac» von Auguste-Lucien Dautresme, ein E. T. A. Hoffmann-Stoff. Die Zeit bis dahin überbrückte Bizet mit einer kleinen Gelegenheitsarbeit. Léo Delibes, zwei weitere Komponisten[107] und er schrieben je einen Akt der Operette *Malborough s'en va-t-en guerre*. Der komödiantische Stoff stammte aus dem gleichen Umkreis wie Scribes «Das Glas Wasser», vom englischen Hof zu Beginn des 18. Jahrhunderts. Marlborough zieht in dieser Historien-Persiflage im Stile Offenbachs aber nicht in den Krieg, sondern bleibt zu Hause, um die Treue seiner Frau zu überwachen. Der Titel ist außerdem Anfangszeile eines populären und vielzitierten Volkslieds über den englischen Feldherrn, der gegen Ludwig XIV. stritt.

Delibes, zwei Jahre älter als Bizet, war zur selben Zeit wie dieser am Conservatoire aufgenommen worden und Schüler Adolphe Adams gewesen. Seit 1865 fungierte er als zweiter Chordirektor an der Opéra, als Komponist war er zu dieser Zeit aber noch ein unbeschriebenes Blatt. Die kollektiv komponierte Operette wurde am Théâtre de l'Athénée aufgeführt, das gesamte Aufführungsmaterial ging verloren.

Die Premiere der *Jolie fille* wurde ein achtbarer Erfolg bei Publikum und Presse. Trotzdem kam es nicht einmal zu zwanzig Aufführungen, und Carvalho mußte versuchen, sein wieder einmal vom Konkurs bedrohtes Haus durch eine auf Steigerung der Einnahmen orientierte Spielplanänderung zu retten: er setzte Clapissons «La Fanchonette» an. Aber auch das nützte nichts; im Mai 1868 ging das Théâtre Lyrique in Konkurs. Léon Halévy soll Bizet ein neues Libretto «Le Templier» nach Walter Scotts «Ivanhoe» angeboten haben. In Anbetracht seiner jüngsten Erfahrung mit einem Scott-Stoff und ohne Rücksicht auf die entstehenden Familienbande lehnte Bizet ab.

Georges Bizet. Karikatur von H. Meyer, 1867

Keine neue Oper, Heirat, Krieg

Bizet wollte, wie sich aus Briefen schließen läßt, nach der des Librettos wegen mit gemischten Gefühlen aus der Taufe gehobenen *Jolie fille* sofort eine neue Oper in Angriff nehmen. Dieses Vorhaben gedieh aber nicht so weit, daß man von Skizzen zu einem neuen Werk sprechen könnte, denn sonst hätte er sicherlich einen Arbeitstitel erwähnt.

Im März 1868 brachte die Opéra «Hamlet» von Ambroise Thomas heraus. Das Werk wurde ein sensationeller Erfolg. Es sollte jahrzehntelang auf dem Spielplan bleiben und bis zur Jahrhundertwende mehr als 300 Aufführungen erleben. Thomas verdiente eine stattliche Summe, und der nicht von finanziellen Erfolgen verwöhnte junge Kollege Bizet durfte wieder als Klavierbearbeiter daran teilhaben; er bekam 900 Francs von Heugel für das vierhändige Arrangement von drei «Hamlet»-Arien. Ein Trost war, daß das Brüsseler Théâtre de la Monnaie, eines der modernsten und prächtigsten europäischen Opernhäuser, *La jolie fille de Perth* nachspielte. Im April reiste Bizet zur Premiere, war aber von dem unbefriedigenden Niveau der Wiedergabe seiner Oper tief enttäuscht. Ein Abstecher nach Antwerpen, der Besuch von Sehenswürdigkeiten und Museen in Brüssel brachten ihn ein wenig auf andere Gedanken.

Seine physische und psychische Verfassung war zu dieser Zeit nicht die beste. Die Versuchung war also groß, den Vorsatz, unabhängig zu bleiben, aufzugeben und vor allem angesichts der Heiratspläne doch irgendein Amt zur Existenzsicherung anzunehmen. Auch machten ihm Katarrhe und Halsinfektionen immer wieder zu schaffen. Er berichtet von den Symptomen in Briefen. Von ärztlichem Rat oder gar von Behandlung ist aber nie die Rede. Claude Glayman vermutet, daß Bizet an der «maladie dite de Bouillaud», einer besonderen Art von Gelenkrheumatismus mit gravierenden Folgeerkrankungen, gelitten hat.[108] Bizet verdrängt seine Krankheit, zumal sie ihn nicht unmittelbar beim Arbeiten behindert. Er nimmt sich die Partitur der Symphonie *Roma* wieder vor; das vor zehn Jahren in Italien begonnene Werk wird vollendet. Im Sommer komponiert er in Le Vésinet auch erneut zwei Klavierstücke.

Nach einem kleinen *Nocturne* entwirft er im Juli 1868 seine ausführlichste und zugleich letzte solistische Komposition für das Instrument, mit dem sein musikalischer Weg begann. Er widmet die *Variations chromatiques* dem berühmten ungarischen Pianisten Stephen Heller, der mit Chopin befreundet gewesen war und jetzt in Paris hauptsächlich als Lehrer wirkte. Das Thema und die meisten seiner vierzehn Variationen, je zur Hälfte in C-Dur und c-moll, stehen in einem eigenartigen Spannungsfeld.

Einerseits scheint der Komponist hier melodisches und harmonisches Neuland zu sondieren, andererseits hört man die typischen Merkmale virtuoser Salonmusik. Das Thema wirkt trauermarschartig, die Chromatik erscheint schließlich auch in einer Lamento-Baßfigur, wie sie die Barockmusik kannte. Die Polonaisen-Variation und eine Passage mit opernhaften Tremoli wirken wie Fremdkörper in diesem enigmatischen Stück, dessen gelegentlich aggressiver Ausdruck nach innen gerichtet scheint. Besondere eklektizistische Merkmale fallen aber nicht auf. – Ob Widmungsträger Heller die *Variations chromatiques* aufgeführt hat, ist nicht bekannt. Bizet selbst spielte sie erst 1871 bei einem seiner nun wieder selteneren pianistischen Auftritte.

Diese im Schaffen Bizets wie im gesamten Klavierrepertoire durch ihre Eigenart isoliert dastehende Komposition erweckte später immer wieder das Interesse außergewöhnlicher Interpreten. Glenn Gould nahm sie für die Schallplatte auf. Felix von Weingartner, der erste Dirigent von Bizets Symphonie, gab 1933 zwei Versionen des Werks neu heraus, eine für den Konzert-, die andere für den Salongebrauch, und instrumentierte eine Orchesterfassung der *Variations chromatiques*.

Im Sommer des Jahres 1867 hatten auch die drei Pariser Operntheater im Rahmen der Weltausstellung Wettbewerbe ausgeschrieben. Die

Opéra war dabei besonders gründlich vorgegangen und hatte zunächst die Librettisten aufgefordert, so daß es bis zum April 1868 dauerte, bis die Komponisten angesprochen waren. Bizet ermunterte zunächst nur seine beiden Korrespondenzschüler Galabert und Lacombe, sich zu beteiligen. Das ausgewählte Libretto hieß «La Coupe du Roi de Thulé» (Der Becher des Königs von Thule) von Louis Gallet und Édouard Blau. Gounods Lied der Marguerite aus «Faust», «Il était un roi de Thulé», war eine der beliebtesten Opernmelodien, was sicherlich ein Motiv für diese Stoff- und Titelwahl gewesen sein wird.

Die Oper handelt von einem Nachfahren des durch Goethes Dichtung volkstümlich gewordenen Königs der sagenhaften nordischen Insel. Dieser stirbt aus Liebe zu einer Frau namens Myrrha ohne Nachkommen und läßt den machtverheißenden Becher ins Wasser werfen. Yorick, der auch in Myrrha verliebt ist, holt ihn aus dem Meer, erhält aber nicht wie versprochen Myrrhas Hand und die Krone, worauf die Sirene Claribel, die ihrerseits Yorick liebt, den königlichen Hof, Myrrha und deren Geliebten Angus vom Meer überfluten läßt.

Georges Bizet machte schließlich trotz der Wettbewerbserfahrungen vom Vorjahr auf Drängen des Opéra-Direktors Perrin auch selbst mit: *Wenn ich am Wettbewerb der Opéra teilnehme, ohne den Preis zu gewinnen, befürchte ich, daß meine augenblicklich günstige Situation sich zu meinem Nachteil ändert. Wenn ich den Preis gewänne – das würde mir meine drückenden Sorgen für zwei Jahre nehmen, vielleicht. Wenn ich weder am Wettbewerb teilnehme noch Herr meiner großen Sache werde, sitze ich zwischen den Stühlen.*[109] Mit der *großen Sache* meinte Bizet eine neue Oper, für die er Perrin gewinnen wollte.

Eugenio Díaz de la Peña[110], als Sohn eines bekannten Malers ein offenbar protegierter Außenseiter, ging als Sieger aus dem Wettbewerb hervor. Die Jury hatte auch die «Coupe»-Partituren von Bizets Freund Guiraud und von Jules Massenet verworfen. Massenet, vier Jahre jünger als Bizet und Rom-Preisträger des Jahres 1863, hatte zu dieser Zeit schon mit einer anderen Oper von sich reden gemacht.[111] Im Zusammenhang mit dem «Coupe»-Wettbewerb äußerte sich Bizet in einem Brief an Marie Trélat deutlich abfällig über diesen Kollegen: *Dieser Massenet ist furchtbar intrigant, und ich fürchte ihn, da er so lügt.*[112]

Bizets Arbeit an *La Coupe du Roi de Thulé* war also vergebens gewesen, denn an eine anderweitige Aufführung war nicht zu denken. Er übernahm einzelne Teile der Partitur später für andere Werke. Die Ouvertüre wurde von Choudens nach Bizets Tod als «Marche funèbre h-moll» veröffentlicht. Postum wurden auch einzelne Gesangsstücke aus den nachgelassenen, nicht von Bizet selbst wiederverwendeten Partitur-Teilen als mélodies mit neu unterlegten Texten veröffentlicht. 86 größtenteils unzusammenhängende Seiten des Autographs sind in der Bibliothèque Nationale archiviert. Winton Dean versuchte, aus diesen nur gut 400 Takten

Der «Garten der Harmonie». Zeitgenössische Lithographie von Télory. Im Hintergrund die großen Musiker der Vergangenheit, vorn die damals lebenden Musiker; am rechten Bildrand (hinter Wagner) Georges Bizet

Bizetscher Musik aufführbare Fragmente zu rekonstruieren. Sie wurden 1955 bei der BBC London aufgenommen und gesendet.

Jules Étienne Pasdeloup führte Ende Februar 1869 *Roma* unter dem Titel «Fantaisie symphonique, Souvenirs de Rome» auf. Allerdings standen nur die drei bisher noch nicht aufgeführten Sätze ohne das Scherzo auf dem Programm. Diese waren jeweils mit Untertiteln versehen, die nicht von Bizet autorisiert waren. Pasdeloup übernahm nun auch die Leitung des Théâtre Lyrique und brachte dort Wagners «Rienzi» zur Pariser Premiere. Bizet besuchte eine der sechsstündigen Aufführungen.

Pasdeloup wollte das Théâtre Lyrique mit dieser aufwendigen grand opéra des Deutschen profilieren. Die Opéra hingegen hatte gerade unter genau umgekehrten Vorzeichen einen außerordentlichen Erfolg gehabt, indem sie ein am Théâtre Lyrique herausgekommenes Werk vom Kom-

ponisten für ihre grand opéra-Ansprüche einrichten und ergänzen ließ: Gounods «Faust», jetzt um den Soldatenchor (aus den Skizzen zu seinem «Ivan IV.») und Valentins Gebet erweitert. In dieser Gestalt gehört die Oper seitdem zum internationalen Repertoire. Die gesprochenen Dialoge, nur bei einer opéra comique möglich, waren durch Rezitative ersetzt worden. Dies war an dem Haus in der Rue Lepeletier eine conditio sine qua non. Auch Webers «Freischütz» konnte dort 1842 nicht in originaler Gestalt aufgeführt werden; Hector Berlioz mußte Rezitative nachkomponieren.

Am 8. März war auch Berlioz im Alter von 65 Jahren nach schwerer Krankheit gestorben. Man trug ihn auf dem Montmartre-Friedhof feierlich zu Grabe. Die bedeutenden Musiker der Stadt, Bizet unter ihnen, gaben ihm das letzte Geleit.

Am 14. Mai 1869 erwähnt Bizet in einem Brief an Galabert, daß er Geneviève Halévy heiraten werde. Die kleine Tochter seines Kompositionslehrers war eine sehr schöne junge Frau geworden. Sie hatte langes braunes Haar, große dunkle Augen und einen charaktervoll geschwungenen Mund mit sinnlichen Lippen. (Bildnisse aus ihrer Jugend und der Zeit ihrer Ehe gibt es nicht, aber die späteren Porträts der jungen Witwe bestätigen die schwärmerischen Zeugnisse ihrer Zeitgenossen.) Geneviève, Freunde nannten sie «Bébé», hatte keine leichte Jugend gehabt. Als sie dreizehn Jahre alt war, starb der Vater. Als sie zwei Jahre darauf nach dem Tod der Schwester nicht mit der Mutter und deren seelischen Problemen auskommen konnte, hatten sie Verwandte zu sich genommen. In der Ehe mit dem ernsthaften jungen Komponisten erwartete sie Geborgenheit und Ausgleich, zugleich aber auch eine Befreiung von Madame Leonie.

Georges Bizet hatte endlich zur Genugtuung seiner künftigen Schwiegermutter mit der Komplettierung des «Noé» begonnen, wobei er Teile aus *Vasco da Gama* und *Ivan IV.* verwendete.[113] (Die Uraufführung der Oper 1886 in Karlsruhe erlebten beide nicht mehr. In Frankreich wurde Halévys postumes Werk nie gespielt.) Leonie Halévy war gerade wegen ihrer Nervenkrankheit in einem Sanatorium in Ivry-sur-Seine und wohnte der standesamtlichen Trauung des Paares am 3. Juni nicht bei. Eine kirchliche Zeremonie gab es nicht. Die Flitterwochen verbrachten sie im Landhaus von Genevièves Onkel Hippolyte Rodrigues in Saint-Gratien bei Enghien. Er war der einzige von den Rodrigues, der der Verbindung von vornherein wohlgesonnen gewesen war. Hippolyte Rodrigues (1812–98) war als Börsenmakler erfolgreich gewesen und konnte nun im Ruhestand seinen schriftstellerischen und musikalischen Interessen nachgehen. Er gab eine Sammlung jüdischer Gesänge heraus («Apologues de Talmud») und komponierte eine Oper («David Rizzio»).

Nach dem Sommer bezogen Georges und Geneviève Bizet eine Stadtwohnung im Haus Rue de Douai 22, wo auch Ludovic Halévy wohnte. Es lag nur wenige Schritte vom Haus des Vaters in der Rue Fontaine entfernt, auch nur ein paar Straßen weit vom Geburtshaus in der Rue de la Tour d'Auvergne. Bizet hatte seine Heimat zeitlebens im gleichen Viertel nahe der Place Pigalle.

Am 17. November 1869 durchfuhr ein französisches Schiff mit der Kaiserin Eugénie an Bord als erstes den von dem Franzosen Ferdinand de Lesseps erbauten Suez-Kanal. Napoleon III. konnte sich und sein Land noch einmal im Licht der Weltöffentlichkeit als Motor des zivilisatorischen Fortschritts präsentieren. Das ebenfalls neu erbaute Kairoer Opernhaus war gerade mit Giuseppe Verdis «Rigoletto» eingeweiht worden. Durch Vermittlung von Camille du Locle, der inzwischen Direktor der Opéra Comique geworden war, bekam Verdi vom opernbegeisterten ägyptischen Vizekönig den Auftrag, eine Oper auf ein ägyptisches Sujet zu komponieren. Die Uraufführung von «Aida» verzögerte sich dann aber

Klavierauszug von Halévys Oper «Noé», die Bizet vervollständigte

wegen der politischen Konfrontation zwischen Frankreich und Deutschland bis Weihnachten 1871.

Zu Beginn des Jahres 1870 trug sich Bizet mit neuen Opernplänen. Im Nachlaß fanden sich Skizzen zu einer «Grisélidis», einer Boccaccio-Adaption von Victorien Sardou, dem damals erfolgreichen Theaterdichter, dessen «Tosca» durch Puccinis Oper noch heute geläufig ist. Außerdem erwog Bizet eine Vertonung der «Clarissa Harlowe» von Samuel

Kaiserin Eugénie in Ägypten, 1869

Richardson, zweifelsohne ein farbiger Opernstoff. Er dachte auch an einen gallischen «Vercingétorix» sowie «Rama», ein altindisches Sujet, und schließlich angeregt durch Gounods «Mireille» an das provenzalische Versepos «Calendau» von Frédéric Mistral. Dies alles konnte ihn aber nicht so sehr faszinieren, daß er sich auch ohne einen konkreten Theaterauftrag ernsthaft an die Arbeit gemacht hätte. Der Alltag stand außerdem im Zeichen der bedrohlichen politischen Lage, die Spannung zwischen Frankreich und Preußen hatte sich verdichtet. Und Bizet war ein realistischer Mensch, der in wachem Bewußtsein seiner Umwelt lebte. Mit Geneviève wollte er den Sommer auf dem Land verbringen und in Ruhe arbeiten. Die Nachricht vom Ausbruch des Kriegs ließ das Paar aber sofort in die Stadt zurückkehren.

Prosper Mérimée, im Laufe der Jahre Vertrauter und literarischer Ratgeber der französischen Kaiserin geworden, beschreibt die Stimmung im Sommer 1870: «Alle Welt hat Furcht, ohne recht zu wissen warum. Allgemein herrscht Beklemmung und Nervosität. Es ist ein Gefühl wie beim letzten Akt von Mozarts Don Juan, bevor der Komtur erscheint...»[114]

Frankreichs ruhmloses Engagement in Mexiko und die Folgen des Kriegs zwischen Österreich und Preußen hatten das Ansehen Napoleons III. noch weiter lädiert. Der Kaiser versuchte nun, die innenpolitische Lage durch größere Freizügigkeit, durch die Einführung einer quasi-konstitutionellen Monarchie zu stabilisieren. Er wähnte sich nach einer für ihn günstigen Volksabstimmung über die neue Verfassung seiner Untertanen sicher. Um den Hof hatte sich aber eine Clique von korrupten Spekulaten gebildet, die die Regierenden dem Volk vollends entfremdeten. Die ersten, Mitrailleusen genannten, Maschinengewehre wurden industriell gefertigt; man baute die Eisenbahn nach Norden, die Preußen hatten die kriegswichtigen Gleise in Richtung Frankreich schon gelegt. Der Kaiser setzte auf die Solidarität Österreichs, das aber durch Sadowa/Königgrätz geschwächt war, und Italiens, dessen König – mit Napoleons Hilfe auf den Thron gekommen – aber nicht in Rom residieren konnte, weil Frankreich auch den päpstlichen Kirchenstaat stützte. Der französische Kaiser spielte die «Main-Linie», die die Begrenzung des preußischen Einflusses bleiben sollte, zu einer zentralen territorialen Frage hoch und erklärte Preußen am 19. Juli 1870 den Krieg. Ein willkommener Vorwand dafür war, daß Prinz Leopold aus dem Hause Hohenzollern-Sigmaringen, also ein Preuße, als spanischer Thronfolger diskutiert wurde.

In Bad Ems an der Lahn, wo noch vor kurzem (Ur-)Aufführungen einiger Bouffes von Jacques Offenbach im Kurtheater (z. B. «Urlaub nach dem Zapfenstreich», 1867) Höhepunkte der Badesaison waren, hatte der französische Gesandte vom dort kurenden Preußenkönig Wilhelm des Prinzen Leopolds Verzicht gefordert, der eigentlich ohnehin schon beschlossene Sache war. Wilhelm lehnte zunächst ab, was Bismarck mit der «Emser Depesche» kriegsbeschleunigend publizierte.

Nach seiner Rückkehr in die Stadt trat Georges Bizet der sich formierenden Bürgerwehr, der Garde Nationale, bei. Vom regulären Militärdienst war er als Rom-Preisträger befreit. *Heute gilt es das Land zu retten! Aber danach? ... Und unsere arme Philosophie und unser Traum vom universellen Frieden, einer kosmopolitischen Brüderlichkeit, einer humanen Gemeinschaft! ... Und statt dessen Tränen, Blut und zerfetztes Fleisch, zahllose Verbrechen ohne Ende! Lieber Freund, ich kann Ihnen nicht erzählen, in welche Traurigkeit mich all das stürzt. Ich bin Franzose, daran erinnere ich mich, aber wie könnte ich denn vergessen, daß ich Mensch bin.*[115]

Schon am 1. September mußte Napoleon III. nach der Schlacht bei Sedan kapitulieren. Der Kaiser geriet in preußische Gefangenschaft, in Paris wurde die Republik ausgerufen. Die neue Regierung ließ weiterkämpfen. Am 19. September war Paris von preußischen Truppen eingeschlossen. Prosper Mérimée, der neben seiner engen Beziehung zum Hof lange Jahre auch Inspecteur des Monuments Historiques war, hatte sich wegen des Kriegs nach Cannes zurückgezogen. Dort starb er am 23. September kurz vor seinem 67. Geburtstag; die Nachrichten von der Niederlage des Kaisers und der Belagerung der Hauptstadt hatte der durch Krankheit gezeichnete Dichter nicht verkraften können.

Ein junger Schriftsteller hatte wie Bizet bei der Nationalgarde gedient und seine in der umkämpften französischen Hauptstadt gesammelten Eindrücke festgehalten: Alphonse Daudet erinnert in einer Mischung aus Reportage und Satire dabei auch an «die unvermeidliche Blechdose, welche die Bewohner von Paris nie mehr werden sehen können, ohne an ihre fünfmonatige Blockade zu denken...». Einen senilen Oberst, dem seine Familie den vermeintlichen siegreichen Vormarsch französischer Truppen nach Paris vorgaukelt, um einen weiteren Schlaganfall zu verhindern, läßt er einer Enkelin vom Marsch Napoleons I. auf Moskau erzählen:

«Begreifst du das, meine Kleine! Wir haben Pferdefleisch gegessen! – Und ob sie das begriff! Seit zwei Monaten hatte sie nichts anderes zu essen...» Auf dem Montmartre sah es so aus: «Stellt euch ein großes Dorf vor, bis zu den Zähnen bewaffnet, Maschinengewehre am Rande einer Schwemme, der Kirchplatz vor Bajonetten strotzend, vor der Schule eine Barrikade ... alle Häuser in Kasernen umgewandelt...»[116] Eine Pendeluhr aus dem Vorort Bougival wird von Soldaten nach München mitgenommen – Daudet läßt sie im Besitz von König Ludwig II. landen, der fortan nicht mehr Wagners «Meistersinger»-Partitur auf dem Flügel liegen hat, sondern «Le phoque à ventre blanc» (Der Seehund mit dem weißen Bauch), das Erfolgsstück des Pariser Alcazar vom Juli 1871, eine Operette mit Musik von Georges Douay auf Texte von William Busnach, dem Dichter von *Malborough s'en va-t-en guerre*, mit dem Bizet inzwischen über die Familie Rodrigues weitläufig verwandt war.

Blutige Kämpfe kosten unzählige Menschenleben, bis am 18. Januar 1871 der preußische König Wilhelm in Versailles zum deutschen Kaiser

Barrikade in den Tagen der Pariser Commune, 1871

Bizet als Nationalgardist

proklamiert wird. In Paris reißt ein revolutionäres Zentralkomitee nach einem Aufstand von Kommunisten und Sozialisten gegen das herrschende Bürgertum, das für die Niederlage verantwortlich gemacht wird, die Macht an sich. Die Maler Manet und Courbet und der Dichter Émile Zola bekennen sich engagiert zu den Linken. Victor Hugo hatte von Guernsey aus schon zum weiteren Kampf gegen die Deutschen aufgerufen; er gehörte mittlerweile der Nationalversammlung an, die in Bordeaux tagte. Hugo hatte des gehaßten Kaisers Rhein-Ansprüche sogar unterstützt.

Es ist nicht überliefert, daß irgendein renommierter Musiker in diesen Tagen seine Stimme erhebt. Im Februar fahren die Bizets nach Bordeaux, um Genevièves Mutter zu besuchen, die dort bei den Rodrigues lebt. Seit den Tagen der Hochzeit, als Madame Leonie in Ivry in Verwahrung war, haben sich die beiden Frauen nicht gesehen. Die Begegnung führt zu einem psychischen Zusammenbruch der Tochter.

Meisterwerke: «Jeux d'enfants» und «Djamileh»

Georges Bizet hatte sich vor den schrecklichen Zuständen in der Stadt wieder in Sicherheit gebracht. Er arbeitete in Le Vésinet. Tausende von Toten forderten die Straßenkämpfe in Paris, bis die Armee des 1859 bei Magenta gegen Österreich siegreichen Generals Patrice de Mac-Mahon – er wurde später Präsident – die Tage der Commune Ende Mai 1871 beendete. In verschiedenen Briefen schildert Bizet Erlebnisse dieser Tage. Aus ihnen liest man Betroffenheit von der Not und den Gewalttaten und Angst um das eigene Leben, nicht aber eine Stellungnahme zu den politischen Konflikten.

Anfang Juni kehrte er nach Paris zurück. Nicht zuletzt auf Drängen seiner Schwiegermutter erwog er eine Bewerbung um die durch den Tod des chef de chant an der Opéra freigewordene Stelle. Die Dienstpflichten in der Rue Lepeletier hätten ihn aber zu sehr vom Komponieren abgehalten. Nach Dean soll er in dieser Zeit dort allerdings inoffiziell als Chordirektor gearbeitet haben.[117] Was er über die Einnahmen aus seinen eigenen Werken hinaus zum Leben brauchte, verdiente er lieber mit Arrangements oder Gelegenheitskompositionen zu Hause und unabhängig von der Mitarbeit anderer.

Der fast sechzigjährige Ambroise Thomas wurde als Nachfolger des im Mai 1871 im Alter von 90 Jahren verstorbenen Auber Direktor des Conservatoire. Auber hatte die Commune noch kurz zuvor für wenige Tage seines Amtes enthoben.

Die Opéra Comique sah sich angesichts der allgemeinen Lage außerstande, ein neues abendfüllendes Opernwerk, Bizets geplante «Griseldis», herauszubringen. Du Locle und sein Co-Direktor Adolphe de Leuven schlugen dem enttäuschten Komponisten aber ein Kompensationsgeschäft vor, einen Einakter nach «Namouna» von Alfred de Musset, einem Teil der 1832 erschienenen Trilogie von Lesedramen «Un spectacle dans un fauteuil». Ursprünglich war dieses bereits vorliegende Libretto von Louis Gallet, dessen Titel du Locle willkürlich in «Djamileh» änderte, für einen anderen Komponisten gedacht; der aber war säumig geworden. Die beiden Direktoren hatten es sehr eilig; bis zum schon festgelegten Probenbeginn waren wieder einmal nur wenige Monate Zeit.

Eine weitere Uraufführung nach einem Stoff Alfred de Mussets war am selben Haus bereits in Vorbereitung. Dessen Bruder Paul hatte für Offenbach die Komödie «Fantasio» als Libretto eingerichtet. Diese opéra comique wurde am 18. Januar 1872 uraufgeführt. Offenbach widmete die Partitur Eduard Hanslick, der seine Erfolge in Wien unterstützt hatte.

Bizet mußte vor dem neuen Bühnenwerk noch eine vierhändige Klavierkomposition für den Verleger Durand fertigstellen, die Anfang 1872 als *Jeux d'enfants* publiziert wurde. Programmatisch und stilistisch durch Robert Schumann inspiriert, schildert Bizet in zwölf ein- bis dreiminütigen musikalischen Miniaturen Momentaufnahmen aus dem kindlichen Erleben. Besonders bei *La poupée* wird das deutsche Vorbild in der Melodiebildung deutlich.

Charakteristisch für die Anlehnung an Schumann ist auch die dialogische Struktur des Themas von *Colin-maillard* (Blinde Kuh). «Schumann sah die Kinder mit den Augen eines Erwachsenen, und die ‹Kinderszenen› gewinnen dadurch musikalische Bedeutung. Bizet, der charakterlich nicht so kompliziert war wie Schumann, konnte nicht nur mit den Kindern, sondern wie die Kinder selbst fühlen...» meint Martin Cooper.[118] In keinem einzigen Takt der *Jeux d'enfants* ist aber epigonaler Eklektizismus zu verspüren, da Bizets strukturelle Klarheit und sein unbefangenes Temperament alle Referenzen an Überliefertes dominieren. Im sechsten

Die Opéra Comique

Teil *Trompette et tambour* greift er die Musik von der Szene an der Kremlmauer aus *Ivan IV.* auf, die er sicherlich auch am Klavier erfunden hatte. Der Titel dieses kleinen Stücks sollte ursprünglich *Zinnsoldaten* lauten. Auch *La Toupie d'Allemagne* (*Der Brummkreisel*) wurde vor der Veröffentlichung in *La Toupie* geändert.

Sind Bizets bisherige Klavierkompositionen – vielleicht mit Ausnahme der eigenwilligen *Chromatischen Variationen* – in ihrer Qualität und Bedeutung eher an der Peripherie seines Schaffens und des pianistischen Repertoires einzuordnen, so sind *Jeux d'enfants* die originellste vierhändige Originalkomposition unbeschwerten Charakters aus dieser Epoche.

Von fünf ihrer Sätze schuf Bizet – womöglich gleichzeitig – eine Orchesterfassung, die als *Petite suite* veröffentlicht und am 2. März 1873 äußerst erfolgreich uraufgeführt wurde. Édouard Colonne dirigierte sie am ersten Abend seiner neuen Konzertreihe im Théâtre de l'Odéon, die später als Concerts Colonne eine wichtige musikalische Institution in Paris werden sollten. Das inhaltlich beziehungsreiche Programm begann mit Mendelssohns «Italienischer Symphonie», zum Schluß gab es einen Suitensatz von Ernest Guiraud. Die *Petite suite* stand in der Mitte, nochmals eingerahmt von Schumanns «Träumerei» aus den «Kinderszenen» und Schuberts «Erlkönig», gesungen von Pauline Viardot.

Auch hier begegnet man *Trompette et tambour* wieder und kann aufschlußreich beobachten, wie der Komponist immer präziser durch die Ausformung von Details der Stimmführung und durch instrumentale Farbgebung seine Klangvorstellungen verwirklicht. Die Partitur der *Petite suite* weist ihren Schöpfer als legitimen Nachfolger Berlioz' und Wegbereiter Maurice Ravels in der Orchesterbehandlung aus. «Das kleine Werk, in dem nicht eine Note zuviel steht (wann läßt sich das schon einmal sagen!), wird in Deutschland nicht ganz ernst genommen; es sollte bekannter sein», merkt Egon Voss zu seiner Rezeptionsgeschichte an.[119] *Les Quatre coins* (Bäumchen-wechsle-dich), ein sechster von Bizet instrumentierter Satz, wurde nicht mit den anderen zusammen veröffentlicht und ist bis heute unaufgeführt.

Die Knappheit und Transparenz der Partitur der *Petite suite* entkräftete den Vorwurf, Bizet sei ein Wagnerianer, der von mancher Seite erhoben worden war. Ursache dafür waren Mißverständnisse um die am 22. Mai 1872 uraufgeführte *Djamileh*. Um so größer war nun der Erfolg der *Petite suite* beim Publikum.

Wagner, der in Paris anerkennende Kollegen, fanatische Anhänger und freigebige Förderer gefunden hatte, zeigte während des Kriegs in zwei ebenso primitiven wie gehässigen Schriften eine Schattenseite seiner Persönlichkeit. Dies brachte die Pariser Wagnerianer und Wagner-Gegner in ein besonders kompliziertes Spannungsverhältnis. Nicht nur, daß Wagner im Herbst 1870 ein «Libretto» für eine Operette mit dem Titel «Die Capitulation»[120] verfaßte, in dem er das französische Musikleben verhöhnte;

Szene aus «Djamileh». Inszenierung der Pariser Opernschule beim Spectacle Bizet, Opéra Comique 1990

er dichtete auch im Januar 1871 «An das deutsche Heer vor Paris»: «Die deutsche Wacht, da steht sie nun in Frankreich's eitlem Herzen ... mit stiller Wucht/in frommer Zucht/vollbringt sie nie geahnte Thaten, zu groß für euch, nur ihren Sinn zu raten...»[121] Substantielle Wagnersche Einflüsse auf die französische Musik gab es bis dahin kaum. Massenet hatte seine großen Werke noch nicht geschrieben, an so entschiedene französische Wagner-Verehrer wie beispielsweise Albéric Magnard (1865–1914) war noch gar nicht zu denken.

Ernest Reyer attestierte *Djamileh* Anklänge an die «Meistersinger», was heute schwer nachzuvollziehen ist. Er könnte höchstens ein Fugato des Chors gemeint haben, das bei Wagners Oper aber selbst nur ein zitiertes und nicht originäres Stilmittel ist. Bizet hat das Vorspiel zu Wagners Oper in Partitur besessen und eingehend studiert. Gewiß hat er gerade hier den kunstfertigen Umgang mit den traditionellen Mitteln der Form und Instrumentation bewundert; er intendierte aber bestimmt nicht die Auflösung von Form und gewohnter Harmonik, die bei Wagners «Tristan» irritiert hatte. Die bei *Djamileh* auffällige Chromatik ist orientalistische Melodik. Auch Hellmuth Christian Wolff sieht den Einakter und «dessen kammermusikalische und farbige Instrumentierung sowie dessen liedmäßige Melodiebildung im größten Gegensatz zu Wagner...»[122]. Zudem führt die Weiterentwicklung der Tenorpartie in *Djamileh* vom gewohnt Eleganten zum heldischeren Stimmtypus des Don José in *Carmen* und später zu den Tenorpartien der italienischen Veristen, nicht jedoch zum deutschen Heldentenor.

In Bühnenatmosphäre und Klangfarben von *Djamileh* spiegelt sich die Stimmung der Zeit in den Salons und Künstlerzirkeln der französischen Hauptstadt. Der Orientalismus ist mehr denn je ein Fluchtweg aus dem Alltag, der jetzt, da das Selbstverständnis der Grande Nation schweren Schaden genommen hat, sich mit einer schwermütigeren und dekadenten Note präsentiert.

Djamileh, im Original die Spanierin Namouna, ist als Sklavin Geliebte Harouns, eines orientalischen Playboys, der sich an keine Frau binden will: *Je n'aime aucune femme au monde! J'aime l'amour!* Seine jeweilige Liebessklavin findet er nach einer bestimmten Zeit mit einem großzügigen Geschenk ab und ersetzt sie durch eine neue. Djamileh liebt aber Haroun und will sich nicht trennen. Es gelingt ihr, sich verschleiert ein zweites Mal unter die zur Auswahl stehenden Frauen zu mischen; und als Haroun die zum zweitenmal Auserwählte erkennt, erwachen endlich auch in ihm die von Djamileh ersehnten Gefühle.

Richard Wagner

Bizet bemüht sich auch hier nicht um den Anschein folkloristischer Authentizität. Er vermittelt eine panorientalische Stimmung nicht illustrativ, sondern als Grundmelodie einer textadäquaten Klangsprache. Der Ort der Handlung ist zwar nach der szenischen Anweisung für den einzigen Akt ein Palast in Kairo, also Ägypten. Die einzige relativ bekannt gewordene Musiknummer dieser Oper, eine Arie der Titelheldin, ist aber als *Ghazel* betitelt, was eine poetische Form des persischen Kulturkreises ist. Djamileh singt darin wiederum von einem legendären König von Lahore, also einer indischen Sage. Dem monotonen Duktus der Ghazel-Form verbindet sich hier der von der *Hôtesse arabe* bekannte Rhythmus (vgl. Notenbeispiel auf S. 76). In der Gesangsstimme steht ein exotisches Melisma im Mittelpunkt:

Der einleitende Chor der Schiffer, die man wohl auf dem Nil anzunehmen hat, wird vom Tamburin mit dem gleichen charakteristischen Rhythmus begleitet, der bei *Vasco da Gama* für portugiesisch stand und für bulgarisch in *Ivan IV.*, aber auch etwas Mazurkahaftes hat. Kennzeichnend sind bei diesem Chor die changierenden Klangfarben, die Bizet durch ein im Orchester eingesetztes Klavier tönt. Ähnliches kehrt in «Aquarium» von Saint-Saëns' «Karneval der Tiere» wieder. Bevor Harouns Haushofmeister Splendiano die neuen Sklavinnen vorführt, bedient sich Bizet zum erstenmal der Form des Melodrams, dabei musikalische Gedanken der Ouvertüre verwendend.

Der Kern des Wagnerianismus-Vorwurfs ist eine Wendung in Djamilehs Klage *Sans doute, l'heure est prochaine*..., nachdem sie Splendiano, der sie verehrt, versprochen hat, die seine zu werden, falls ihre Hoffnung, noch einmal von Haroun erwählt zu werden, scheitern sollte.

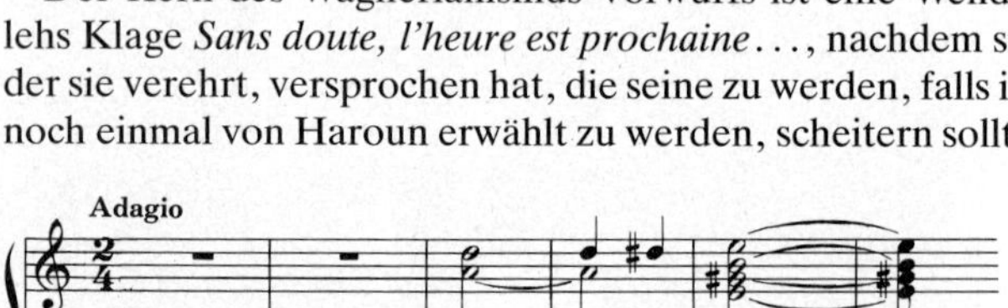

Die scheinbare «Tristan»-Chromatik ist aber gewiß nicht mehr als eine geistreiche Randbemerkung des Komponisten zu der erotischen Konstellation auf der Bühne. Sie ist in der Gesamtpartitur weder vorbereitet noch hat sie irgendwelche Konsequenzen.

Djamileh erlebte zu Bizets Lebzeiten an der Opéra Comique nur elf Vorstellungen. Die Oper wurde zusammen mit Gounods ebenfalls nicht abendfüllendem heiterem «Le médécin malgré lui» («Der Arzt wider Willen») gespielt, einem Werk, das Bizet sehr schätzte. Gounod selbst hielt sich noch in England auf, wohin er vor den Kriegsereignissen geflohen war. Nicht Bizet, sondern dessen Schwiegermutter war es, die ihm eine Partitur der *Djamileh* nach London schickte.

Erst zum 100. Geburtstag Bizets besann man sich auch in Paris wieder der *Djamileh*, die als wirkliches Meisterwerk wegen des kongenialen Zusammenfindens von Konversation, Atmosphäre und Musik eigentlich nur für ein französischsprachiges Publikum seinen ganzen Reiz entfaltet. Erfolgreicher war der Einakter aber dennoch im Ausland, nachdem Bizet als *Carmen*-Komponist berühmt geworden war. Wie bei der Symphonie *Roma* war es Gustav Mahler, der *Djamileh* 1898 in Wien einer breiteren Öffentlichkeit vorstellte; und Eduard Hanslick attestierte ihr bei dieser Gelegenheit eine «wohlthuende Harmonie und Stileinheit» und «noch zartere Schattierungen, noch eigentümlichere Züge» als *Carmen*.[123]

Gut drei Wochen nach *Djamileh* kam schon ein neuer Einakter auf Verse von Louis Gallet auf die Bühne der Opéra Comique: Camille Saint-Saëns' Erstling «La Princesse jaune». Einen Monat zuvor hatte Georges Bizet die Sängerin Célestine Galli-Marié in dem Einakter «Le passant» seines Konservatoriumsmitschülers und zeitweisen Medici-Kollegen Émile Paladilhe erlebt. Sie war seinerzeit die gefeierte Titelheldin in Thomas' «Mignon» gewesen. Am Tag der Kriegserklärung hatte die Galli-Marié großes Aufsehen erregt, weil sie bei einer Vorstellung von Aubers «Die Stumme von Portici» die vom Kaiser verbotene Marseillaise anstimmte.

Ende des Jahres kann auch der jetzt dreißigjährige Massenet am selben Haus seine erste Uraufführung erleben; wie alle anderen in diesem Jahr dort gebotenen Opern gerät aber auch sein «Don Cézar de Bazan» später in Vergessenheit. Der einzige nachhaltige Uraufführungserfolg von 1872 wird Lecocqs «La fille de Madame Angot», die ihren Weg ins französische Operettenrepertoire aber von Brüssel aus antrat.

Erfolgreiche Musik zu einem durchgefallenen Theaterstück

Freunde und Verwandte hatten Georges Bizet von der Heirat mit Geneviève Halévy abgeraten. Sie warnten ihn vor den Problemen eines Zusammenlebens mit dieser psychisch labilen Frau und vor dem Einfluß der wegen ihrer eigenen seelischen Krankheit so schwierigen Mutter Leonie. – Seit dem Spätherbst 1871 wußte das Paar, daß Geneviève schwanger war. In Erwartung der Mutterschaft schien sie sich zu stabilisieren.

Bizet wird, als am 10. Juli 1872 der kleine Jacques zur Welt kommt, zum zweitenmal Vater. Der uneheliche Jean Reiter lebt mit seiner Mutter nach wie vor im Haus des Großvaters. In diesem Sommer ist Bizet mit Gelegenheitsarbeiten und Unterrichtsstunden beschäftigt und arbeitet an einer neuen Partitur für Carvalho, keine Oper zwar, aber doch eine Gebrauchsmusik ganz besonderen Charakters, eine Aufgabe, die er mit Hingabe in Angriff nahm. Der geschickte Theatermanager hatte aufs neue Fuß gefaßt und leitete jetzt das Théâtre du Vaudeville, eine volkstümliche Schauspielbühne. Der Begriff Vaudeville (von Voix de ville) ist am ehesten mit «Gassenhauer» zu übersetzen und bezeichnete ursprünglich eine populäre Liedform, die später zum traditionellen Schlußgesang von Komödien oder opéra comiques wurde.[124] Schließlich bezeichnete Vaudeville als pars pro toto in Frankreich eine bestimmte Theaterform. Die Bühnenmusik mit préludes, entr'actes, Chören und Liedgesängen spielte dabei immer eine wichtige illustrative Rolle, es gab aber keine solistischen Gesangspartien.

Am Théâtre du Vaudeville waren in den vergangenen Jahren mehrere nicht gerade erfolgreiche Bühnenstücke aufgeführt worden, die Alphonse Daudet, der inzwischen vielgelesene Erzähler von «La petite chose» und «Lettres de mon moulin», zusammen mit seinem Kollegen Ernest L'Epine, einem Bekannten Bizets, verfaßt hatte. Sie waren beide in Diensten des Herzogs von Morny (1811–65) gewesen, wo Daudet auf Empfehlung der Kaiserin Eugénie, der die Gedichte des jungen Schriftstellers aufgefallen waren, als Sekretär mäzenatische Anstellung gefunden hatte. Auch Ludovic Halévy war von diesem kunstsinnigen Halbbruder Napoleons III. gefördert worden. Als Dramatiker hatte Daudet, 1840 in Nîmes geboren, aber kein Glück; seine Stärke war Milieu- und Zeitschilderung vornehmlich mit Geschichten aus seiner provenzalischen Heimat.

Alphonse Daudet

Daudet versuchte nun, den ihm bisher versagt gebliebenen Erfolg als Bühnenautor endlich zu erreichen, indem er eine besonders beliebte Episode aus «Briefe aus meiner Mühle» dramatisierte. Auf nicht einmal fünf Buchseiten hatte er dort von der «Arlésienne» erzählt, einem namenlosen Mädchen aus der Stadt Arles. Jan, ein attraktiver und bis dahin munterer Bauernbursche, hat sich in sie verliebt und will sie heiraten. Seine Familie auf dem Bauernhof in der Camargue hat aber moralische Bedenken, und außerdem stellt sich heraus, daß die Arlesierin schon ein Verhältnis mit einem anderen hatte, der auf ihrer Hand besteht und sie schließlich entführen will. Jan bringt sich um.

Der geschickte Schachzug, diesen bewährten Stoff noch ein zweites Mal literarisch zu verarbeiten, gefiel dem cleveren Carvalho. Der Schauplatz Provence bürgte zudem seit Gounods «Mireille» für Publikumsinteresse. Die folkloristischen Elemente, vor allem der Tanz Farandole, waren beliebt, wirkten doch die Schauplätze südlich von Arles in Paris «damals fast so fremdartig wie Spanien und Ägypten...» (Winton Dean[125]). Carvalho beauftragte Bizet, der ihm einmal von seinen Reiseeindrücken auf dem Weg nach Rom erzählt hatte, mit der Bühnenmusik zu *L'Arlésienne*.

Daudet hatte zu den Figuren der drei Jahre zuvor veröffentlichten Erzählung neue Personen hinzuerfunden. Der im Bühnenstück niemals in

Erscheinung tretenden Arlesierin stellte er eine Kontrastfigur gegenüber: Vivette, ein Landmädchen, das den hoffnungslos verliebten Frederi, so der neue Name der Figur des Jan, heiraten möchte; der geistig behinderte kleine Bruder, in der Erzählung nur am Rande erwähnt, wird als «L'Innocent» zu einer psychologischen Schlüsselfigur. Für die fünf Bilder der drei Akte von Daudets Stück komponierte Bizet je ein Vor- oder Zwischenspiel und ein Finale, das jeweils durch einen kleinen Chorsatz erweitert ist. Nur eine einzige musikalische Episode, die *Berceuse* für den kleinen Innocent, ist wirklich aus dem Handlungsablauf motiviert.

Das Orchester war aus ökonomischen Gründen auf 26 Musiker limitiert; Bizet machte dies aber seinem außergewöhnlichen Instrumentationssinn dienlich. Mit kurioserweise vier ersten und drei zweiten Geigen, aber nur einer Bratsche, jedoch fünf Celli, einem Kontrabaß, einem Klavier und Harmonium plus Pauken und Tambourin realisierte er in seiner *L'Arlésienne*-Partitur unverwechselbare Klangfarben, die von einem Saxophon neben den üblichen Bläsern noch besonders charakterisiert werden. Dieses von dem seit 1842 in Paris wirkenden belgischen Instrumentenbauer Adolphe Sax erfundene Klarinetteninstrument war bei der französischen Militärmusik damals schon weitverbreitet, im Konzertsaal oder Orchestergraben trotz Berlioz und Thomas aber ein noch sehr ungewohntes Instrument.

Über das zweiteilige erste Vorspiel mag sich Carvalho besonders gefreut haben, denn das Vaudeville-Publikum war, was die Musik anging, nicht auf Novitäten aus, sondern am ehesten durch eingängige musikalische Ideen zu gewinnen, die man sogar vielleicht schon aus anderem Zusammenhang kannte. Bizet verarbeitet den «Marche des Rois»,

ein Dreikönigslied, in einer farbigen Quasi-Variationsform. Die auch als «Marche de Turenne» bekannte Weise soll ihren Ursprung – wie auch andere Lehnmelodien des Werks – in der Provence gehabt haben. Dieser rhythmisch entschiedenen und klar strukturierten Introduktion schließt sich ein elegischer Abschnitt an, in dem das Altsaxophon einen – ursprünglich für *Grisélidis* vorgesehenen – musikalischen Gedanken vorträgt, der auf charakteristische Weise in den Streichersatz gewoben ist. Bizet entfaltet daraus eine weit ausschwingende Tutti-Phrase, die man als Vorbild für spätere Orchesterepisoden der Veristen Leoncavallo und Puccini erkennt. Das Vorspiel zum dritten Bild von *L'Arlésienne* ist wohl ebenfalls aus thematischem Material für eine geplante Oper geschaffen worden. Die Unisono-Einleitungstakte und das gesangliche Thema sprechen dafür. Irgend jemand unterlegte diese Musik später mit den Worten des «Agnus Dei», so daß Bizet manchem Kirchenmusiker als Urheber musikalischen Sakralkitsches gelten mußte, da sie sich in dieser Form gleich dem «Largho» aus Händels heiterer Oper vom Perserkönig Xerxes unpassenderweise breiter Beliebtheit erfreute. Das gute Dutzend Melodramen der *L'Arlésienne* entwickelt nicht das Profil des ersten melodramatischen Versuchs des Komponisten in *Djamileh* und der Melodramen von *Carmen*.

Die Uraufführung von *L'Arlésienne* am 1. Oktober 1872 im Théâtre du Vaudeville war ein Mißerfolg; Bizets Farandole als schmissiges Finale änderte daran nichts. Hier wird der charakteristische Klang von Tambourin und Galoubet, einer einfachen Flöte, zitiert, der beiden traditionellen provenzalischen Volksinstrumente, die ein einzelner Musiker beide gleichzeitig mit je einer Hand spielt.

Bis zu seinem Tod im Jahre 1897 schrieb Alphonse Daudet nichts mehr fürs Theater. Ein schon begonnenes neues Bühnenwerk arbeitete er nach dem Mißerfolg der *Arlésienne* sogar nachträglich zum Roman um. Pasdeloup war aber überzeugt von der hohen Qualität der Vorspiele und Entr'actes Bizets und führte am 10. November im Cirque d'Hiver eine Suite mit Musik aus *L'Arlésienne* auf; Bizet konnte an diesem Abend große Bestätigung durch ein begeistertes Publikum erleben. Freilich begann auch hier eine Kette von Mißverständnissen. Diese als «Erste Arlésienne-Suite» rasch populär gewordene Zusammenstellung wurde in «normaler» symphonischer Besetzung musiziert. Die delikaten Besonderheiten der Originalinstrumentation, wenn zum Beispiel das Altsaxophon zusammen mit den fünf Violoncelli nun nicht mehr einer einzigen Viola, sondern einer ganzen Bratschengruppe gegenübersteht, gehen verloren. Die Kette setzte sich fort mit der «Zweiten Arlésienne-Suite», die Ernest Guiraud nach Bizets Tod zusammenstellte, wobei er auch Musik aus *La jolie fille de Perth* verwendete.

Die Interpretationsgeschichte der *Arlésienne*-Musik führte zu Interpretationen in philharmonischem Breitklang von bis zu dem fünffachen der schlanken Originalbesetzung: «Bizet fühlte sich indessen dadurch nicht

Musiker mit Tambourin und Galoubet, den traditionellen provenzalischen Instrumenten

begrenzt, sondern fand gerade hierin seine Inspiration ... Die beiden *Arlésienne*-Orchestersuiten sind mir stets verdächtig vorgekommen. Selbst von den besten Orchestern der Welt aufgeführt ... haftet ihnen etwas Befremdendes an, irgend etwas, was nicht die authentische Handschrift des Komponisten der *Carmen* trägt», bemerkt der englische Dirigent John Eliot Gardiner[126], der wie auch sein Kollege Michel Plasson erst in den achtziger Jahren des 20. Jahrhunderts die *Arlésienne*-Musik mit den authentischen 26 Musikern dirigierte. Eine Platten-Hörspielfassung des Gesamtwerks aus den fünfziger Jahren[127] fand nur geringe Verbreitung.

Wenn auch *Djamileh* kein Publikumserfolg geworden war, hatte die Leitung der Opéra Comique jetzt erkannt, daß der Dreiunddreißigjährige ein herausragendes Talent war; de Leuven und du Locle gaben ihm einen neuen Auftrag. In einem Brief an Galabert berichtete er am 17. Juni 1872 von einem Opernauftrag für die Opéra Comique auf ein Libretto von Ludovic Halévy und Henri Meilhac. Meilhac und Halévy hatten nicht nur Libretti für Offenbach geschrieben, sondern auch Komödien; unter diesen auch «Le Reveillon», das zur Vorlage für Johann Strauß' «Die Fledermaus» werden sollte. Die großen Tage der Offenbach-Bouffes waren inzwischen vergangen; das Kaiserreich diente nicht mehr als Zielscheibe geistreicher Anspielungen mit musikalischem Esprit. Halévy und Meilhac wurden nun zu Mitbegründern eines neuen dramatischen Gestus auf der Opernbühne.

Wer auf Mérimées Novelle «Carmen» als Stoff der neuen Oper gekommen war, einer der Direktoren, einer der Librettisten oder Bizet selbst, ist nicht überliefert. Bestimmt kannten sie alle die Geschichte von der tragischen Liebe des Soldaten Don José und der Zigarrenarbeiterin Carmen, die seit ihrem Erscheinen 1845 eine der populärsten französischen Novellen war.

Bizet war sehr zuversichtlich, er hatte eine faszinierende Geschichte mit interessanten Charakteren, reizvollen Schauplätzen und endlich auch zwei hochkompetente Textdichter, auf deren Theaterinstinkt, Niveau und Kooperationsfähigkeit er vertrauen konnte. Die stilistischen Divergenzen zwischen Orientklischees und wahrhaftigem Ausdruck, Bühnenvitalität und Konversationston, Textbedeutung und Sangbarkeit, die ihn bisher als Opernkomponisten an der vollen Entfaltung seiner Inspiration

Henri Meilhac

Ludovic Halévy

und seiner musikalischen Fähigkeiten hinderten, waren bei dieser neuen Oper nicht von vornherein zu befürchten.

Die Arbeit an *Carmen* nahm Bizet über einen viel längeren Zeitraum in Anspruch als die an den früheren Opern. Dies lag auch daran, daß ihm andere Aufgaben, die er nicht ablehnen konnte, angetragen wurden. Charles Gounod, der noch in London geblieben war, obwohl der Krieg längst beendet war und der französische Kaiser selbst im englischen Exil lebte, beauftragte Bizet im Herbst 1872, die Proben zu «Roméo et Juliette» zu überwachen. Das Werk sollte im Januar des kommenden Jahres in den Spielplan der Opéra Comique übernommen werden. Am 9. Januar 1873 starb Napoleon III. unweit der britischen Hauptstadt.

Der Sänger Jean-Baptiste Faure trat im Sommer 1873 an Bizet mit dem nicht uneigennützigen Vorschlag heran, eine neue Oper zu komponieren, für deren Aufführung an der Opéra er sich einsetzen wolle. Dieser Vorschlag war durchaus verheißungsvoll, denn Faure war sehr einflußreich. Er war der führende Bariton der Opéra, seit langen Jahren auch Professor am Konservatorium [128] und zudem als ausgebildeter Kapellmeister außergewöhnlich metierkundig. Faure war ein erfolgreicher Interpret der großen Baritonpartien Rossinis und Verdis und wollte gern in einer neuen Hauptrolle im Mittelpunkt stehen. Opern mit einer attraktiven zentralen Baritonpartie, die für die Opéra in Frage kamen und noch nicht auf deren Spielplan waren, ließen sich aber nicht finden, so daß Faure die Idee hatte, einen Komponisten zu suchen, der ihm seine Wunschpartie nach individuellem Maß komponierte.

Bizet war nach dem großen Erfolg der *Arlésienne*-Suite der hoffnungsvollste französische Komponist seiner Generation. Jedoch war die wirtschaftliche Lage dieser Nachkriegszeit ungünstig für nennenswerte Kompositionsaufträge. Faure konnte also hoffen, bei Bizet entsprechende Bereitschaft zu finden. Daß die Opéra, deren 1861 begonnenes neues Gebäude immer noch nicht fertig war, das Werk auch tatsächlich spielte, war aber keineswegs schon mit Direktor Olivier Halanzier-Dufresnoy ausgehandelt.

Das Libretto sollten Louis Gallet und Édouard Blau verfassen, die Faure von «La Coupe du Roi de Thulé» kannte. Alfred de Mussets «Lorenzaccio» war ein erster Vorschlag für den Stoff der neuen Oper. Bizet hätte daran Gefallen finden können, aber Faure war die Figur des zynischen Lorenzo di Medici entschieden zu unsympathisch. Bizet schrieb über Faures Sängereitelkeit an Galabert: *Die Person, die er darstellt, muß nicht nur großartig, auf ihn selbst abgestimmt, großzügig und stark sein, sondern die übrigen Personen müssen auch stets in den höchsten Tönen von ihm reden, wenn er selbst nicht auf der Bühne steht.* [129]

Man konnte sich schließlich auf eine andere historische Figur der Weltliteratur einigen, die Faures Erwartungen eher entsprach, auf Don Rodrigo Díaz de Vivar, den El Cid genannten kastilischen Granden aus dem frühen 11. Jahrhundert. Blau und Gallet bedienten sich nicht des geläufigen «Cid»-Dramas von Corneille, sondern nahmen als Vorlage für ihr Libretto zu *Don Rodrigo* das Schauspiel «Die Taten des Cid» (1618) von Guillén de Castro y Bellvís. Bizet skizzierte in wenigen Wochen die Gesangspartien des gesamten Werks und trug es auch in kleinem Kreis, am Klavier die Begleitung improvisierend, zu Hause vor.

Am 28. Oktober 1873 aber brannte die Opéra in der Rue Lepeletier ab. In der Zeit bis zur Eröffnung des neuen Palais Garnier, die auf den Beginn des nächsten Jahres terminiert war, spielte man behelfsmäßig in der Salle Ventadour weiter. Jetzt wollte Halanzier ungeachtet der Intervention Faures keine Uraufführung mehr riskieren, die sich womöglich auch nicht an die versteinerten Traditionen der Opéra gehalten hätte, zudem von einem Komponisten, der am Théâtre Lyrique und an der Opéra Comique schon Erfolg gehabt hatte. Bizets Oper über den spanischen *Don Rodrigo* blieb eine ausführliche Skizze, er widmete sich nun wieder *Carmen*.

Mit Louis Gallet arbeitete Bizet noch ein weiteres Mal zusammen. Angeregt durch den Erfolg von Jules Massenets «Marie-Madeleine» konzipierten sie eine dramatische Legende «Geneviève de Paris», zu deren Vertonung es aber nicht mehr kam. Auf das *Don Rodrigo*-Libretto kamen Blau und Gallet später bei der Arbeit an ihrer «Cid»-Oper für Massenet zurück.

Die Grand Opéra nach dem Brand, 1873

Ernest Guiraud hatte im Mai 1873 die Aufführung seines Ballett-Einakters «Gretna Green» an der Opéra erleben dürfen, nachdem ihm 1872 ein großer Erfolg mit der opéra comique «Madame Turlupin» am Athénée gelungen war. In die Musikgeschichte sollte er aber in erster Linie als Betreuer nachgelassener Werke anderer eingehen, wenngleich später immerhin Saint-Saëns sich wiederum Guirauds unvollendet hinterlassener «Frédegonde» annahm.

Guiraud, Massenet und Bizet bekamen von Pasdeloup nun den Auftrag, jeweils eine Ouverture de concert für seine Konzertreihe zu schreiben. Die meist programmatisch betitelten Konzertouvertüren des späten 19. Jahrhunderts, die ohne ein dazugehöriges Bühnenwerk ganz für sich stehen, sind eigentlich Symphonische Dichtungen. Nur Guirauds Auftragswerk bekam auch den ausdrücklichen Titel «Ouverture de concert», allerdings nur vorläufig, denn später nannte er sie nach dem flämischen Volkshelden «Ouverture d'Arteveld». Massenet schrieb eine «Phädra»-Ouvertüre, sich wohl auf Racine beziehend, und Bizet betitelte seine Partitur *Patrie!...* Über einen vielfach vermuteten Zusammenhang zu Victorien Sardous gleichnamigem Theaterstück ist nichts bekannt. Unautorisiert und womöglich von Choudens aus kaufmännischer Diplomatie eingefügt ist der Untertitel, der auf der später veröffentlichten *Patrie!...*-Fassung für vierhändiges Klavier erschien: «Épisode de la Guerre de Pologne (Bataille de Raclawice gagnée sur les Russes, par Kosciusko, 1792)». Bizets erster Biograph Charles Pigot griff diesen Hinweis auf[130], ohne darauf einzugehen, daß dies nicht mit dem Manuskript oder dem Erstdruck der Partitur übereinstimmt. (Auch ist die Schlacht bei Raclawice, die erst 1794 die Teilung Polens besiegelte, falsch datiert.)

Vielleicht war es ein geschickter Tribut an das französische Nachkriegspublikum, daß sich Bizet mit einer vaterländischen Attitüde präsentierte. Diese Berechnung, falls es eine war, ging auch auf, denn der Uraufführung am 15. Februar 1874 wurde heftig applaudiert. Dies ist insofern verständlich, da Bizets *Patrie!...* eine brillante Ausführung vorausgesetzt – ein effektvolles symphonisches Paradestück sein kann. Die musikalische Substanz dieser Gelegenheitskomposition – Bizet brauchte Geld, weil die für *Don Rodrigo* erwarteten Einnahmen ausgefallen waren – ist aber dürftig. Im Stile einer traditionellen Potpourri-Ouvertüre findet hier thematisches Material aus der gerade skizzierten Oper Verwendung, darunter zwei entwicklungsfähige Gedanken,

die er unter anderen Umständen sicherlich ergebnisreicher verarbeitet hätte. Der temperamentvolle Auftakt von *Patrie!*... – bezeichnenderweise ist die Partitur Massenet gewidmet – erinnert an den «Racoczy-Marsch» aus Berlioz' «La damnation de Faust», und der pathetische Schluß ist von einer Bizet eigentlich wesensfremden veräußerlichten Monumentalität gekennzeichnet. Mina Curtiss diagnostiziert bei diesem letzten vor *Carmen* veröffentlichten Werk Bizets nur «die schwache Seite des Bizetschen Eklektizismus»[131], und Dean tut es kommentarlos als «dürftiges Werk»[132] ab.

Rue de Douai 22, Bizets Pariser Wohnung

Die opéra comique «Carmen»

Prosper Mérimées Novelle «Carmen» wurde 1845 in der «Revue des Deux Mondes» veröffentlicht. Sie handelt von der unglücklichen Leidenschaft des Don José Lizarrabengoa für die Zigeunerin Carmen. Josés Leben wird von ihm selbst erzählt, während er im Gefängnis von Córdoba auf seine Hinrichtung wartet:

José stammt aus baskischem Landadel. Nachdem er wegen einer gewalttätigen Auseinandersetzung aus der Heimat fortmußte, tat er als Dragonerkorporal Dienst in Sevilla. Dort sollte er eine Arbeiterin der Zigarrenfabrik festnehmen, die eine andere im Streit verletzt hatte – Carmen. Der schüchterne Soldat, der sich zunächst ostentativ nicht für sie interessiert hatte, erliegt ihrer Faszination und vergißt seine Pflicht: er läßt sie laufen und wird dafür degradiert und selbst eingesperrt. Von der Feile, die sie ihm ins Gefängnis schicken kann, macht er keinen Gebrauch. Wieder in Freiheit muß er dann vor dem Haus Wache schieben, in dem Carmen für seinen Vorgesetzten tanzt. Erst später können sich beide heimlich treffen und lieben. Ihretwegen duelliert er sich; José wird verletzt, der andere, ein Offizier, ist tot. José kann endgültig nicht mehr auf seinen alten Weg zurück. Er geht mit Carmen, von der er trotz aller Zweifel nicht mehr lassen kann, unter die Schmuggler. Er erfährt, daß Carmen mit Garcia, dem Anführer der Bande, verheiratet ist. Schließlich findet José sie in Gibraltar wieder, wo ihr ein neuer Liebhaber bei der Beseitigung Garcias helfen soll. Dies besorgt schließlich José, dem ein Mordkomplott ehrenrührig erschien, im Zweikampf. Er möchte ein neues, bürgerliches Leben mit ihr in Amerika beginnen. Carmen verweigert sich. Sie ist von dem Stierkämpfer Lucas fasziniert und folgt ihm zu einer Corrida nach Córdoba. Dort stellt José sie zur Rede, verlangt ein Liebesgeständnis. Ihrer Freiheit wegen will Carmen nicht zu ihm zurückkehren. José tötet Carmen, die sich ihren Tod zuvor selbst prophezeit hatte, begräbt sie und stellt sich.

Du Locles Co-Direktor de Leuven hatte diesen Stoff zunächst als zu unmoralisch abgelehnt. Opéra comiques durften nicht blutig ausgehen. Aubers «Fra Diavolo» und Hérolds «Zampa» waren Ausnahmen.

Unter außergewöhnlich intensiver Beteiligung des Komponisten dich-

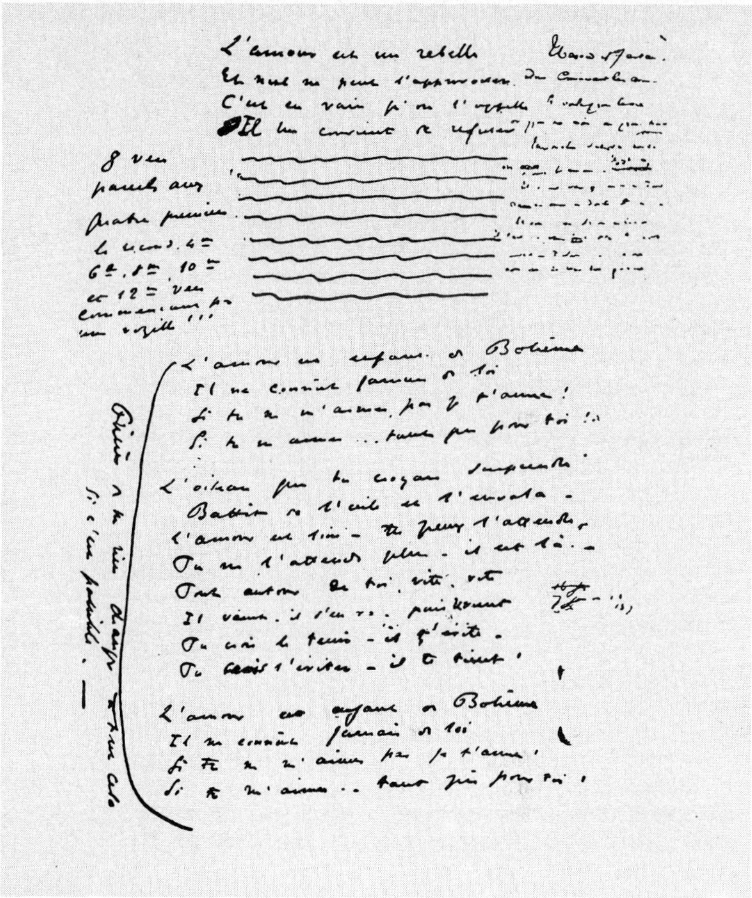

Textentwurf der «Habanera» in Bizets Handschrift

teten Meilhac und Halévy ein Libretto, das nachgerade perfekt konstruiert und doch von poetischer Klarheit und überzeugender dramatischer Stringenz ist. Bühnenhandlung und Musik konnten so zu einer beispielhaft spannenden Korrespondenz finden. «Es gibt kaum ein Werk in der Opernliteratur dieser Zeit», urteilt Walter Felsenstein, «dessen Musik bis in die kleinsten harmonischen und dynamischen Details so ausschließlich für die Handlung und für den darstellerischen Ausdruck komponiert wurde wie Bizets *Carmen*.»[133] Deshalb ist *Carmen* eines der wenigen Opernwerke, das bisher keiner sinnfälligen szenischen Neudeutung un-

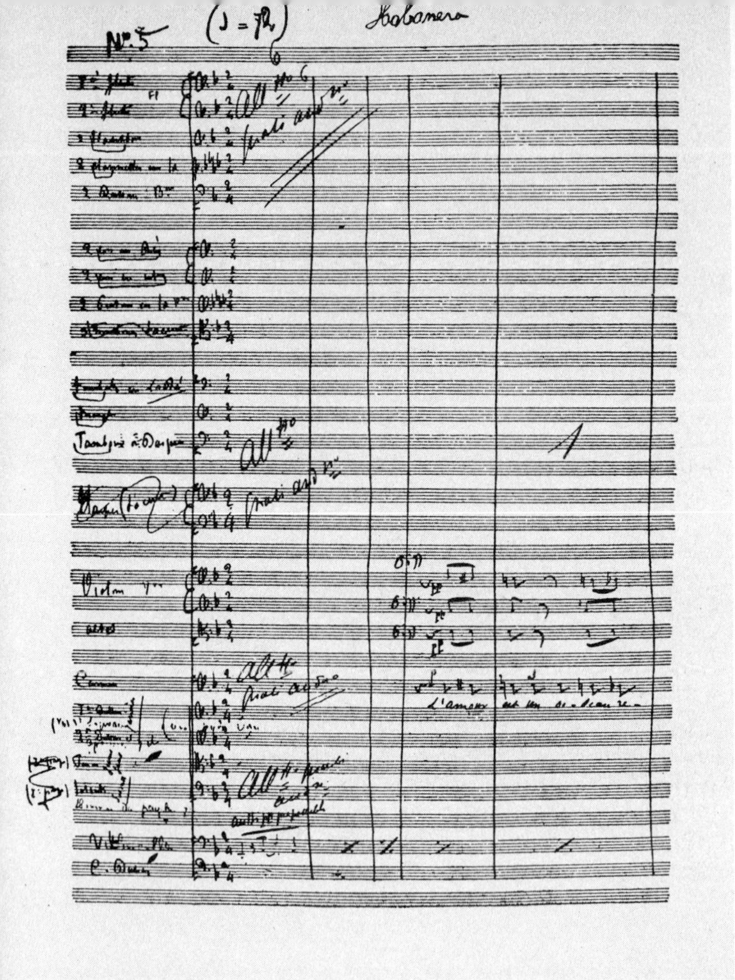

Beginn der «Habanera» im Autograph der Partitur

terzogen wurde. Beispielsweise zeigten Patrice Chéreau bei Wagners «Ring» und Hans Neuenfels bei den Opern Verdis in den siebziger Jahren neue, rezeptionsgeschichtlich bedeutende Aspekte auf; wichtige *Carmen*-Inszenierungen auf der Bühne waren dagegen immer diejenigen, die sich um eine ursprungsgetreue Perspektive bemühten.

Henri Meilhac (1831–97), der komödiantischere des Autorenduos, früher auch humoristischer Zeichner, hatte seine ersten musikalischen Erfahrungen mit Operettentexten für den Komponisten Deffès [134] 1861 in

Bad Ems gemacht. Auch nach dem großen Erfolg der ersten Zusammenarbeit mit Halévy 1864 bei «La belle Hélène» für Offenbach arbeitete er noch mit anderen Librettisten, so mit Cormon und Busnach, zusammen.

Ludovic Halévy (1833–1908) war nach dem Tod seines Gönners Morny im Innenministerium und im Algerien-Amt tätig. Mit Meilhac schrieb er weiterhin Theaterstücke. Neben der Arbeit an *Carmen* entstanden auch noch zwei letzte Texte für Offenbach, die ebenfalls 1875 uraufgeführt wurden.[135]

Schildert Mérimées Novelle das Scheitern der Beziehung zweier Menschen, bei der Dritte nur erwähnt werden, aber nicht im Zentrum der Fabel stehen, bedingt die Oper eine Darstellung in deutlicheren Kontrasten. Bizet, du Locle und die Librettisten mögen *L'Arlésienne* in Erinnerung gehabt haben, die nicht zuletzt deswegen durchgefallen war, weil leibhaftige Gegenspieler(innen)-Paare fehlten.

Der andalusischen Zigeunerin Carmen – mit schwarzen Haaren und rotem Rock – wird in der Oper eine weibliche Figur gegenübergestellt: das naive baskische Bauernmädchen Micaëla, blondbezopft mit blauem Rock. Der eigentliche Rivale Josés, Carmens Mann, kommt in der Oper nicht vor. Drei konkurrierende Männer wären operndramaturgisch zu verwirrend gewesen. Da der Stierkämpfer Lucas als Bühnenfigur koloritträchtig war, entstand aus ihm und Zügen Garcias der Torero Escamillo. Das soldatische Milieu wird durch einen Leutnant und einen Sergeanten vertreten; Carmen erhält zwei Zigeunerinnen, Frasquita und Mércèdes, als Gefährtinnen zur Seite, des weiteren die Schmuggler Dancairo und Remendado, eindeutige Genrefiguren der opéra comique.

Im Sommer 1873 war das Libretto fertig geworden; Bizet bat während der Komposition immer noch um Textänderungen und nahm auch selbst Korrekturen vor. Gerade bei Carmens Auftrittslied ist durch autographe Dokumente anschaulich nachzuvollziehen, wie er Text und Musik nach Aussage und Proportion sorgfältig ausbalancierte.

Im September lehnte es die Sängerin Marie Roze dann ab, die Titelrolle zu übernehmen. Sie störte vor allem der Tod der Protagonistin am Ende der Oper. Die Roze war nicht die erste Wahl gewesen. Du Locle, jetzt allein verantwortlich, denn de Leuven hatte demissioniert, hatte zuerst an die Bouffe-Protagonistin Zulma Bouffar gedacht, die Offenbach einst als Kölner Kaffeehaussängerin entdeckt hatte. Gegen Jahresende gelang es du Locle dann, Célestine Galli-Marié für die Partie zu gewinnen. Sie war ein Liebling des Pariser Publikums, was den Komponisten sicher nachhaltig bei der Arbeit motivierte und ihn auch zu mancher Konzession an die eigenwillige, aber großartige Künstlerin geneigt machte. Die Galli-Marié muß einen leichten, beweglichen Mezzosopran gehabt haben. In einem Brief an du Locle soll sie, die auch in der Soubrettenrolle der Serpina in Pergolesis «La serva padrona» auftrat, gebeten haben, die Partie mehr der Marguerite in Gounods «Faust» nachzuempfinden. Car-

Eröffnung des neuen Pariser Opernhauses, Palais Garnier

men ist also eine hohe Mezzosopran-Partie für eine komödiantisch erfahrene Singdarstellerin. (Daß tiefe Altistinnen und Wagner-Sängerinnen später die *Carmen* interpretierten, wich erheblich von den Intentionen der Autoren ab.)

Im Sommer 1874 arbeitete Bizet an der neuen Partitur in Bougival, einem Vorort wenige Kilometer Seine abwärts, nahe dem Sommerwohnsitz des Vaters in Le Vésinet. Sein Haus lag idyllisch im Grünen und unmittelbar am Fluß. Heute führt dort die Hauptdurchgangsstraße des Orts vorbei. Sie ist nach Iwan Turgenjew benannt, der damals – wie die Viardot und Guiraud – auch in Bougival wohnte.

Geneviève Bizet lebte mit dem Kind zeitweise getrennt von ihrem Mann, was in erster Linie auf dessen angestrengter Arbeit und dem Gesundheitszustand Genevièves und des kleinen Jacques beruht haben soll. Die wenigen erhaltenen Briefe bezeugen nichts von einem Zerwürfnis der Bizets, wie es häufig kolportiert wurde. Geneviève und Georges Bizet waren beide von Herkunft, Lebenserfahrung und -gewohnheiten außergewöhnliche Menschen, so daß man mangels Beweisen für ein Familienleben nach bürgerlichem Mittelmaß nicht wie selbstverständlich auf das völlige Gegenteil schließen darf.

Trotz angestrengter Arbeit – Bizet ließ sich jetzt nicht mehr unter Zeitdruck setzen – war die Partitur, die schließlich 1200 Seiten zählte, nicht zum vorgesehenen Probenbeginn am 1. Mai 1874 fertig. Daß er auch Skizzen zu *Griselidis*, so zum Beispiel für Josés Arie, bei der neuen Oper verwendete, war wohl von vornherein eingeplant. Auch wurde das übernommene Material so eingehend umgeformt, daß die zeitliche Ersparnis sehr gering gewesen sein muß. Die Melodie von Carmens *Havanaise* (*Habanera*) entlehnte Bizet – sie für ein Volkslied haltend – bei einem Gesangsstück Jradiers.[136] Er korrigierte diesen Irrtum später ausdrücklich durch eine entsprechende Anmerkung im Klavierauszug. Dies hatte auch einen dramaturgischen Effekt: die Protagonistin führt sich mit einem handlungsimmanenten Musikvortrag ein. In Bizets kunstvollem Partitursatz wurde die Melodie dann wirklich populär.

Mitte November 1874 begannen in der Rue Favart dann endlich die Proben. Bizet mußte wieder revidieren, ergänzen, kürzen. Nicht nur wegen besonderer Wünsche der Künstler geschah dies, vielmehr auch wegen der ungewohnten Anforderungen mancher Chor- und Orchesterpartien.

Die neue Opéra wurde am 5. Januar 1875 mit verschiedenen Opern- und Ballettausschnitten eröffnet; die erste vollständige Oper, die man im Palais Garnier gab, sollte dann Reyers «Érostrate» sein. Delikaterweise hatte der Komponist seinerzeit die Oper der Königin von Preußen gewidmet und war von ihr mit dem Roten Adler-Orden dekoriert worden. Von Napoleon III. und Haussmann projektiert, leistete sich die Dritte Republik nun das repräsentative Monument, das aber auch in künstlerischer Hinsicht noch aus der alten Zeit stammte. Das Selbstverständnis des französischen Staats und seiner nach dem Krieg wieder blühenden Metropole war keinesfalls schon republikanisch konsolidiert. Erst im Laufe des Jahres 1875 sollte es eine entsprechende Verfassung geben; der von monarchistischen Kräften gestützte Präsident Mac-Mahon war Hoffnungsträger restaurativer Kräfte.

Am 15. Januar 1875 machte Choudens eines der ertragreichsten und prestigeträchtigsten Geschäfte der musikalischen Verlagsbranche: er kaufte von Bizet die *Carmen*-Partitur für 25000 Francs. Dies war eine respektable Summe mit einer vergleichbaren Kaufkraft von knapp 400000 Francs des Jahres 1990.

Am 3. März meldete das «Journal Officiel» die Aufnahme Bizets als Ritter in die Ehrenlegion. Am Abend fand die Uraufführung statt. Du Locle soll dafür gesorgt haben, daß nicht das übliche Premierenpublikum anwesend war. Er meinte, daß diejenigen gesellschaftlichen Kreise, die sonst an diesen besonderen Theaterabenden den Zuschauerraum füllten, ein so schockierendes Werk nicht goutieren würden. Nicht selten dienten die Logen der Opéra Comique an Premierenabenden distinguierten Eheanbahnungen.

Eine Oper, deren Titelheldin Arbeiterin und Zigeunerin ist, Soldaten fahnenflüchtig werden läßt, schmuggelt, in Kneipen tanzt und singt, selbst frei über ihr Schicksal bestimmt und schließlich auf offener Bühne von einem ehemaligen Liebhaber erstochen wird, stand in eklatantem Gegensatz zu den Erwartungen an eine opéra comique. Alle handelnden Figuren in *Carmen* sind gewöhnliche Menschen, es gibt keine Prinzessinnen, Götter, Geister oder exotischen Orientalen. In der Oper wird das Versagen der durch Don José vertretenen bürgerlichen Moral vorgeführt. Und dieser männliche Protagonist war in seiner Unerwachsenheit, in seinem Scheitern als junger Mann vom Lande an der Zivilisation der Stadt keineswegs eine männliche Identifikationsfigur.

Es waren vorwiegend Anhänger der Autoren und Ausführenden, viele Kollegen und Fachleute an diesem Abend in der Salle Favart. Sie nahmen die Oper mit Ratlosigkeit und großer Zurückhaltung auf. Du Locle hatte selbst die Inszenierung besorgt und mit den Kostümentwürfen Georges Clairin beauftragt, der sich dabei auf Eindrücke seiner Spanien-Reise mit Henri Regnault stützen konnte. Ein borniertes Traditionalistenpublikum, das sich lautstark entrüstet hätte, wäre für Bizets Sache vielleicht günstiger gewesen. Dann hätte sich möglicherweise eine konstruktivere Diskussion der neuartigen und provozierenden Züge des Werks ergeben.

Manche Teile der Partitur, besonders die formal konventioneller gearbeiteten, bekamen durchaus ansehnlichen Beifall. Nach dem ersten Akt deutete auch alles auf einen Erfolg. Am Ende war aber die Irritation zu groß. Neues und alte Formen standen dialektisch einander gegenüber, Dialog und Musik waren in eine neuartige Beziehung gesetzt worden. Unterschiedliche Daseinsprojektionen wurden in tragischem und lockerem Tonfall in ein und demselben Rahmen dargestellt. Vor allem aber die Verbindung des stilisierten Operngestus mit realistischen Momenten war zu ungewohnt.

Stärker als bei Verdi, in dessen Opern sich die Konflikte auf ihre elementaren Züge verdichten und die handelnden Figuren endlich bis zum Äußersten bedrängt werden, deutlicher als bei Wagners Musikdramen, wo der Sog etwa des Erlösungsgedankens eine Handlung dynamisiert, ist in *Carmen* der Mensch immer mitten im Spannungsfeld zweier möglicher Varianten zu erleben. Das musikalische Phänomen, der Gesang und die instrumentalen Momente dienen dabei nicht nur dem Gefühlsausdruck der agierenden oder reagierenden Figur. Die Musik stellt hier auch die antagonistischen Kräfte dar, die von außen auf diese einwirken.

Ebenso mitreißend wie knapp ist die instrumentale Eröffnung von *Carmen* formuliert: wie schon bei *Arlésienne* ein Doppelvorspiel zweier in sich geschlossener Teile. Im Quasi-Potpourristil umrahmt Bizet mit der Musik des temperamentvollen Volkschors aus der Schlußszene den Refrain der Escamillo-Couplets. In dramatischem tonartlichem Kontrast (filmschnittartig folgt auf A-Dur d-moll) wird dann der zentrale musikalische Gedanke der Oper eingeführt, ein von einer übermäßigen sogenannten Zigeunersekunde geprägtes kurzes Motiv,

Georges Bizet. Fotografie von Étienne Carjat, 1875

dem sich Pizzicato-Synkopen, ein schon in *Les pêcheurs de perles* erprobtes Stilmittel, entgegenstellen. In nur 28 Takten wird es insistierend bekräftigt und führt zu einem schroffen verminderten Septakkord: sicherlich einer der spannendsten und dramaturgisch überzeugendsten Opernanfänge.

Der Vorhang hebt sich über einem comique-typischen Tableau, gelangweilte Wachsoldaten beobachten Passanten. Micaëla hat schon nach Don José gefragt, als dieser auftritt. Die Wachablösung wird vom Chor der Gassenjungen ironisierend verdoppelt. José begegnet Carmen, die in der Arbeitspause vor wartenden Verehrern die *Havanaise* singt: *L'amour est un oiseau rebelle que nul ne peut apprivoiser*... Dann kommt Micaëla mit einem Brief von Josés Mutter: er soll Micaëla heiraten. Vor allem die Musik macht den Gegenentwurf dieser anderen Frau von Lebens- und Liebeserwartungen deutlich. Mit einer beschwörenden Melodie vom Sentiment des *Perlenfischer*-Duetts ruft sie die Sehnsucht nach Mutter und Heimat in ihm wach.

In der Zigarrenfabrik gibt es Streit, José muß Carmen festnehmen. Dem Verhör durch den Leutnant entzieht sie sich mit kokettem Geträller; auch José wird von ihr mit einem Chanson betört, in dem sie ein Rendezvous in Lillas Pastias Kneipe verspricht. Hier bekommt Musik eine originäre dramaturgische Bedeutung, die über das opernübliche Ständchen oder den Unterhaltungsgesang hinausgeht. José läßt Carmen frei. Bizets Musik setzt stets in einem dramaturgisch genau motivierten Punkt nach oder auch während der unentbehrlichen Dialogsequenzen ein. Die spätere Rezitativfassung machte diese gerade im ersten Akt der Oper so wichtigen dimensionalen Differenzierungen zunichte.

In der Entr'acte-Musik sind dann in faszinierender Schlichtheit jene instrumentatorischen Nuancen wiederzuerkennen, deren Entwicklung der Komponist bei *Ivan IV.* begonnen und in der *Petite suite* und *L'Arlésienne* schon in ausgereifte Formen geführt hatte. Die volksliedhafte Melodie steht in einem dramaturgisch wichtigen Kontext. Mit ihr wird Don José, der jetzt selbst ins Gefängnis gekommen ist, im zweiten Akt wieder die Szene betreten. Das Quintett der drei Zigeunerinnen mit den Schmugglern ist durch seine affektive Vielschichtigkeit und formale Balance das wohl organischste Opernensemble nach Mozart.

Don José, der *hübsche Junge*, dessentwegen Carmen sich nicht den Schmugglern anschließen will, kommt. Sie tanzt und singt für ihn. Der Scheitelpunkt der tragischen Entwicklung ihres Verhältnisses wird mit ausschließlich musikalischen Mitteln dialektisch dargestellt, wenn sich José zwischen dem Zusammensein mit Carmen und seiner soldatischen Pflicht zu entscheiden hat. Er möchte zurück in die Kaserne, denn die Trompeten rufen zum Appell. Nur weil es zu einer Auseinandersetzung mit seinem Vorgesetzten kommt, der auch zu Carmen will, muß er schließlich bei ihr und den Schmugglern bleiben.

Die Atmosphäre der *wilden Felsengegend in völliger Einsamkeit* des dritten Akts ist musikalisch eine Weiterentwicklung der Szene an der

Carmen und Frasquita. Kostümentwürfe von Georges Clairin
für die Uraufführung an der Opéra Comique

Kremlmauer in *Ivan IV*. Carmen macht José Vorwürfe: er solle doch zu seiner Mutter zurückgehen. Sie legt Karten. In einem offenbachesk beginnenden Terzett liest Carmen daraus von ihrem nahen Tod, in einem musikalisch vollkommen anderen Tonfall als Frasquita und Mercédès, die von Männern und Reichtum schwärmen. Als sie Carmens Visionen angehört haben, weichen sie verlegen wieder in den comique-Gestus zurück. – Peter Brook und Marius Constant haben in ihrer *Carmen*-Version [137] diese düstere Kantilene Carmens zu Recht mit der Arie Micaëlas synchronisiert, die einige Partiturseiten weiter ihre Angst vor der fremden Frau ausdrückt, mit der José gegangen ist. Escamillo kommt auf der Suche nach Carmen, die er bei Lillas Pastia kennengelernt hat. Nichts ahnend erzählt er Don José, daß er in sie verliebt sei. Carmen verhindert, daß José ihn ersticht. Dieser folgt dann aber Micaëla zu seiner sterbenden Mutter.

Plakat zur Uraufführung, 1875. Dargestellt ist die Schlußszene der Oper

Vor der Arena in Sevilla, wo die ganze Oper spielt (der letzte Schauplatz der Novelle ist dagegen Córdoba), treffen José und Carmen im vierten Akt wieder zusammen. Sie ist jetzt Escamillos Geliebte. In einem groß angelegten Tableau wird das Treiben vor der Corrida geschildert.

Alle sind in der Arena, auf dem großen Platz davor nur noch Carmen und José. In der Arena ersticht Escamillo den Stier und draußen tötet José Carmen, als sie den Ring fortwirft, den er ihr geschenkt hatte. Bizets Oper schildert diese dramatische Gleichzeitigkeit:

Bizet soll sich nach der Uraufführung in du Locles Büro zurückgezogen haben und dann, wie Halévy später berichtete, ruhig mit ihm und Meilhac nach Hause gegangen sein; Pigot will andererseits von Guiraud erfahren haben, daß man den mit Enttäuschung und Ärger ringenden Komponisten die ganze Nacht ziellos durch die Stadt begleitet habe. Die nächsten Wochen verbrachte Bizet in der Rue de Douai vermutlich mit Vorarbeiten zu einem Oratorium über die heilige Genoveva, die Schutzpatronin von Paris.

Das Wiener Obersthofmeisteramt hatte zu Jahresbeginn einen neuen Direktor für die Hofoper bestimmt: Franz von Jauner. Er war von der in Paris so kühl aufgenommenen *Carmen* angetan und wollte sie unbedingt in Wien in deutscher Sprache herausbringen. Er bestand aber auf einer Kürzung des Werks; im vierten Akt sollte außerdem ein Ballett eingefügt werden. Darüber hinaus waren an der Hofoper gesprochene Dialoge nur bei der «Zauberflöte», «Fidelio» oder dem «Freischütz» statthaft, zeitgenössische Opern mußten durchkomponiert sein. Bizet erklärte sich – schweren Herzens, aber als pragmatischer Realist – zu einer Neufassung mit Rezitativen bereit. Anfang Mai wurde der Vertrag unterschrieben.

Ernest Guiraud

Célestine Galli-Marié, die erste Darstellerin der Carmen

Ende des Monats war er dann von einer neuerlichen anginösen und rheumatischen Erkrankung so weit genesen, daß er mit Frau und Kind nach Bougival übersiedelte. Leichtsinnig wie in seinen ganz jungen Jahren badete er mit dem Pianisten Élie Miriam Delaborde in der noch ziemlich kalten Seine. Die Folge war ein heftiger Rückfall mit starkem Fieber; in der Nacht zum 1. Juni kollabierte er. Es wurde als ein Herzanfall gedeutet; in letzten Briefen hatte er aber auch von heftigen Ohrgeräuschen und sogar einseitiger Taubheit und Gleichgewichtsstörungen berichtet, was auf neurologische Komplikationen schließen läßt. Geneviève, Marie Reiter, die beiden Söhne und Ludovic Halévy, Genevièves Vetter, waren in seiner Nähe. Im Gespräch mit Marie soll er das Bewußtsein verloren haben.

An seinem sechsten Hochzeitstag, dem 3. Juni 1875, stirbt Georges Bizet im Alter von 38 Jahren. An diesem Tag stand seine neue Oper schon zum dreiunddreißigstenmal auf dem Spielplan der Opéra Comique; das Interesse an *Carmen* nahm zu. Viele kamen aber auch aus Neugier auf Skandalöses ins Theater. Um die finanzielle Lage des Theaters nach der Uraufführung zu stabilisieren, lud du Locle Giuseppe Verdi ein, siebenmal seine «Messa de Requiem» zu dirigieren, was schon im Jahr zuvor ein besonderer Kassenerfolg gewesen war.

Im Oktober wurde die Wiener Premiere der *Carmen* dann ein sensationeller Erfolg. Es dauerte nur wenige Jahre, bis das Werk dann in allen Sprachen und auf allen Kontinenten zum Opernrepertoire gehörte. Allerdings war dies bald eine ganz andere *Carmen*, als sie von Bizet gedacht war. Die Londoner Erstaufführung fand sogar 1878 in italienischer Sprache statt. Guiraud hatte durchaus mit Geschick die Rezitative nachkomponiert. (Einige Jahre später half er dann, Offenbachs «Les Contes d'Hoffmann» aufführbar zu machen.) Dadurch wurden nicht zuletzt die tonartlichen Kontraste zwischen den Musikstücken moderiert. Den Zigeunertanz aus der *Jolie fille* spielte man als Ballett im vierten Akt. Die durchsichtige Faktur der opéra comique Bizets wich auch durch die stilistischen Gewohnheiten der Sänger immer mehr der Attitüde der grand opéra.

Gedankenlose Aufführungspraktiken und die «fürchterliche deutsche Übertragung Hopps»[138], der dann auch bei *La jolie fille de Perth* Hand anlegte, prägten das Gesicht der *Carmen* im deutschsprachigen Raum

Die Seine bei Bougival heute, in der Mitte (mit dem spitzen Dach) das Haus Bizets

und damit zahlreiche bis zur Verfälschung der Handlung reichende Mißverständnisse. Ein deutsches Standard-Nachschlagewerk beginnt noch in seiner Auflage von 1985 die Inhaltsangabe der Oper mit der Behauptung: «Der brave Sergeant liebt treu... das schlichte Bauernmädchen...»[139] Escamillos piano/leggiero komponierter doppelsinniger Couplet-Refrain *Toréador en garde* wurde als martialisches «Auf in den Kampf» zur Opernwunschkonzert-Nummer.

1907 wurde *Carmen* dann auch erstmals im Palais Garnier aufgeführt – die Opéra konnte die inzwischen unumstritten bedeutendste französische Oper nicht mehr ignorieren. In der Salle Favart pflegte man das Werk zwar noch im originalen Stil; die prominenten Sänger traten dort aber nicht auf, so daß die *Carmen*-Tradition der Opéra Comique eine Randerscheinung blieb.

Von André Cluytens dirigiert, spielte man 1950 die Oper dort auch in dieser Fassung für die Schallplatte ein. Hier kann man am ehesten einen authentischen musikalischen Eindruck von Bizets Werk bekommen, wenn auch mangelndes sängerisches wie instrumentales Vermögen den Hörgenuß schmälern. Stilistisch ebenfalls hochbefriedigend und auf enormem vokalem Niveau ist die von Sir Thomas Beecham 1959 geleitete Gesamtaufnahme, die aber die Rezitativfassung verwendet.

Seit der deutsche Musikwissenschaftler Fritz Oeser 1964 die ursprüngliche Gestalt des Werks wieder erschloß, war eine Bizets Intentionen entsprechendere *Carmen*-Aufführung leicht möglich geworden. (Oesers Edition ist allerdings nicht als praktikable «Fassung» der Oper, sondern als ein Material-Angebot an die Ausführenden zu verstehen.) Als dann auch berühmte Sänger und Dirigenten und die Plattenfirmen sich mit der originalen *Carmen* auseinanderzusetzen bereit waren, stellte man aber keine idiomatisch stimmigen Besetzungen mehr zusammen. Es entstanden zahlreiche weitere Schallplatten, die mit großen Sängernamen aufwarteten; aber «die durch und durch französische Oper» (Martin Cooper[140]) wird dort vorwiegend mit erheblichem amerikanischem, griechischem, italienischem oder spanischem Akzent von Bayreuth-erfahrenen und Verdi-erprobten Sängerinnen und Sängern dargeboten. Die Mechanismen des Musikgeschäfts erlauben keine stilistischen Rücksichten.

Im Grunde begann die Geringschätzung des Beziehungsreichtums von Ton und Wort bei Bizets Kompositionen schon mit der Trauerfeier für den Komponisten. Für die kirchliche Zeremonie am 5. Juni 1875 in der Église de la Trinité hätte Bizet wohl noch eher Verständnis gehabt als dafür, daß der Escamillo-Interpret Bouhy und der Tenor Duchesne das Duett aus *Les pêcheurs de perles* mit dem Text «Pie Jesu» darboten. Pasdeloup, dem die *Carmen*-Partitur gewidmet ist, dirigierte. Auf der Kirchenorgel wurde unter anderem über *Carmen* fantasiert! Viertausend Menschen gaben Georges Bizet das letzte Geleit; seine Witwe lag krank im Haus Ludovic Halévys. Adolphe Bizet, der seinen Sohn noch sechs Jahre überleben

Bizets Grab auf dem Friedhof Père-Lachaise

sollte, war der nächste Angehörige. Gounod, Thomas, du Locle und der Minister der Schönen Künste Camille Doucet trugen den Sarg, der auf dem Friedhof Père-Lachaise beigesetzt wurde. Am Abend gab es an der Opéra Comique eine Sondervorstellung der *Carmen*. Paul Dubois, ehedem Bizets Mitstipendiat in Rom, schuf die Büste auf dem Grab.

Anmerkungen

Die Zitate aus Briefen Georges Bizets wurden – sofern nicht anders angegeben – von Dieter Jansen ins Deutsche übertragen. Zitate aus übrigen fremdsprachlichen Veröffentlichungen sind – sofern nicht anders angegeben – vom Autor übersetzt.

1 Brief an Nadeshda von Meck vom 18. (30.) Juli 1880, in: Teure Freundin – Peter Tschaikowskys Briefwechsel mit Nadeshda von Meck, dt. von Ena von Baer, Leipzig 1964
2 Erika Krökel 1975 in einem Begleittext der Schallplatte Eterna 826623 mit Orchestermusik Bizets
3 Schtschedrins «Carmen-Suite» enthält auch werkfremde Musik Bizets, die später als Balletteinlage für *Carmen*-Aufführungen genommen wurde. Der russische Komponist konnte die Originalfassung von Bizets Oper nicht kennen
4 Bizet unternahm nur noch zwei weitere kurze Reisen, die ihn allerdings nicht vom französischen Ambiente fortführten, nach Brüssel und ins Großherzogtum Baden
5 Walter Klefisch (Hg.): Georges Bizet – Briefe aus Rom, Hamburg 1949, S. 6
6 Leslie Allison Wright: Bizet before Carmen, Ann Arbor 1983, S. 10
7 Friedrich Nietzsche in einem Brief an Carl Fuchs vom 27. Dezember 1888: «Das, was ich über Bizet sage, dürfen Sie nicht ernst nehmen; so wie ich bin, kommt Bizet tausendmal für mich nicht in Betracht. Aber als ironische Antithese gegen Wagner wirkt es sehr stark...» Nach F. N.: Werke, hg. von Karl Schlechta, München 1956, Bd. III, S. 1347
8 Hugo Daffner: Nietzsches Randglossen zu Bizets Carmen, Regensburg o. J. (1921)
9 Adolf Weissmann: Bizet, Berlin 1907, S. 3
10 Guido Adler: Handbuch der Musikgeschichte, Berlin 1930, S. 899
11 Eduard Hanslick: Aus neuer und neuester Zeit, Berlin 1900, S. 121f
12 Eine Kantate «Imogène», ein Streichquartett, Klavierkompositionen und Variationen über ein Thema aus Halévys «La Reine de Chypre»
13 Jean-Baptiste Guirauds (1803–64) Oper «Karl V. und Duguesclin» war 1827 in Paris uraufgeführt worden
14 «La fille du regiment» und «La Favorite» (Donizetti, 1840), «Le Comte Ory» (Rossini, 1828)
15 «L'Artisan» (1827), «Le roi et le batelier» (1827), «La dilettante d'Avignon» (1829), «Attendre et courir» (1830) «La langue musicale» (1831), «L'éclair» (1835), «Le souvenirs de Lafleur» (1839), «Les treize», «Le shérif» (1839), «Le guitarero» (1841), «Les mousquetaires de la reine» (1846), «Le val d'Andorre» (1848), «Le fée aux roses» (1849), «La dame des piques» (1850)
16 Richard Wagner: Gesammelte Schriften, hg. von Julius Kapp, Band 8, Leipzig o. J., S. 72f

17 Pariser Musikbrief für die Allgemeine Zeitung, 1. Februar 1847, in: Heinrich Heine, Über die französische Bühne, hg. von Christoph Trilse, Berlin 1971, S. 494

18 Winton Dean datiert ein im Nachlaß aufgefundenes Lied *L'âme triste est pareille au doux ciel* (nach einem Text von Alphonse de Lamartine) auf ein unbekanntes, aber angeblich auf jeden Fall früheres Entstehungsdatum. Vgl. Winton Dean: Georges Bizet (dt. Ausgabe), Stuttgart 1988, S. 355

19 Die Oper «Casilda» von Ernst II. von Sachsen-Coburg-Gotha (1851) könnte Bizet auch gekannt haben

20 Dieses Libretto geht wie auch Scribes Text zu Meyerbeers «Robert le diable» auf den Roman «The Monk» von Matthew Gregory Lewis zurück

21 «L'Inconsolable», «Jaguarita, l'indienne» und «Valentine d'Aubigni»

22 Da die Symphonie *Roma* in der gleichen Tonart steht, wird eine von Bizet später geschaffene und publizierte Bearbeitung von deren 4. Satz für zwei Klaviere zu acht Händen oft irrtümlicherweise der C-Dur-Symphonie von 1855 zugeordnet

23 Zitiert nach Joseph Wulf: Musik im Dritten Reich, Frankfurt a. M. 1966, S. 428

24 In: Der Konzertführer, hg. von A. Csampai und D. Holland, Reinbek 1987, S. 445

25 Die Beschaffenheit des Manuskripts, das aus mehreren Teilen verschiedenen Notenpapiers zusammengesetzt ist, die eindeutig unterschiedlichen Stadien der Handschrift des Komponisten und etliche Notierungsgewohnheiten lassen aber den Schluß auf eine längere Entstehungszeit zu

26 Es existieren darüber hinaus noch zwei Klavierauszüge von Kantaten Bizets im Zusammenhang mit den beiden Rom-Preis-Bewerbungen 1856 und 1857 im Archiv des Conservatoire: *Le Golfe de Baïa* nach einem Text von Alphonse de Lamartine und *Le chanson de rouet* (*Das Lied vom Spinnrad*)

27 Offenbachs Aufruf in «Le Figaro» vom 17. Juli 1856, zitiert nach P. Walter Jacob: Jacques Offenbach, Reinbek 1969, S. 66

28 Hector Berlioz: Mémoires, dt. von Elly Elles, Leipzig 1967, S. 101 f

29 Charles Gounod: Lettres à Georges Bizet, in: Revue de Paris, Vol. 6, Paris 1899, S. 679

30 Dokumentiert auf einer Compact-Disc mit Montserrat Caballé unter der Leitung von Jean-Claude Casadesus (Erato-Musifrance 245016-2)

31 M. E. Carafa (1787–1872), produktiver, aber weniger bedeutender italienischer Opernkomponist, lebte seit 1827 in Paris

32 Brief vom 15. Dezember 1857, zitiert nach Luigi Rognoni: Gioacchino Rossini, Torino 1977, S. 309

33 Hector Gruyer, der Gesangsschüler des Vaters

34 Georges Bizet: Lettres (1850–1875), choisies et présentées par Claude Glayman, Paris 1989, S. 48

35 Ebenda S. 53

36 Charles Gounod: Aufzeichnungen eines Komponisten (dt. von E. Bräuer), Breslau 1896

37 Lettres S. 49

38 Mina Curtiss: Bizet and his World, New York und London 1958, S. 51

39 Ferdinando Paer (1771–1839), italienischer Opernkomponist («Leonora» 1804), der in Paris wirkte

40 Lettres S. 60, 64 und 65

41 Ebenda S. 63

42 1842 im Théâtre des Italiens in Paris

43 W. Dean: Bizet, London 1977, S. 157

44 Der Preis, der vermutlich von Édouard Rodrigues initiiert wurde, ging an Adrien (eigentlich Grat-Norbert) Barthe, der 1855 den Rom-Preis erhalten hatte. Aus diesem Jahr datiert auch die Partitur seines «Te Deum». Édouard Rodrigues stammte aus der gleichen Familie wie Leonie Halévy-Rodrigues,

hatte am Conservatoire studiert und setzte sich in Paris vor allem für das geistliche Oratorium Georg Friedrich Händels ein

45 Lettres S. 125

46 Die Urheberrechte waren von allen europäischen Staaten am meisten – seit der Revolution – in Frankreich schon festgeschrieben und respektiert, in den übrigen Ländern wurde zu Bizets Zeit noch sehr skrupellos mit Autorenrechten umgegangen

47 Lettres S. 67

48 Ebenda S. 87

49 Ebenda S. 115

50 Ebenda S. 103

51 Ebenda S. 117

52 Eugène Scribes «Gustave III.»

53 Lettres S. 73

54 Ebenda S. 62

55 Ebenda S. 125

56 Melodija SM 04449-52. Die auf Schallplatte veröffentlichte Produktion von Radio France (Le chant du monde LDC 278914, unter Bruno Amaducci 1975) ist gekürzt, außerdem existiert der Live-Mitschnitt (Bongiovanni GB 2043-44) einer Studentenaufführung des Werkes – in italienischer Sprache – beim Festival von Montepulciano (1986 unter Sandro Sanna)

57 Napoléon Henri Reber (1807–80), Komponist und als Professor am Conservatoire Halévys Nachfolger, Autor einer weitverbreiteten Harmonielehre

58 Antoine Louis Clapisson (1808–66), Geiger und Operettenkomponist

59 Nach Winton Dean: Bizet (dt. Ausg.), S. 44

60 Lettres S. 122

61 Ernest Reyer (1823–1909), Kritiker und Opernkomponist, war Anhänger Wagners und Bizets, schrieb «germanische» Opern wie «Maître Wolfram» und «Sigurd», aber auch Orientalistisches wie «Salammbô» nach Flaubert

62 Lettres S. 134

63 *Roma* wurde lange Zeit mit dem Untertitel *Suite Nr. 3 für Orchester* versehen. Als Nr. 1 und Nr. 2 galten die Suiten mit Musik aus *Carmen* und *L'Arlésienne*, die dann später jeweils *Erste Suite* aus dem jeweiligen Gesamtwerk genannt wurden

64 Eduard Hanslick: Aus neuer und neuester Zeit, Berlin 1900, S. 77 f

65 Charles-Camille Saint-Saëns: Musikalische Reminiszenzen, dt. von Eva Zimmermann, Leipzig 1978, S. 202

66 Lettres S. 136

67 J. W. von Goethe: Nationale Dichtkunst. In: Sämtliche Werke Band 14, Zürich 1950, S. 557 f

68 Erstmals wird diese Begebenheit 1886 von Pigot erwähnt, und auch Dean und Cardoze schildern sie in ihren neueren Biographien Bizets, ohne allerdings Quellen zu benennen. Derek Watson, der einzige Liszt-Biograph (London 1984), der eine Begegnung mit Bizet erwähnt («The tale is told...»), beruft sich wiederum auf Dean

69 Im Cercle de l'Union artistique

70 Zitiert nach Dean (dt. von Konrad Küster), S. 72

71 François-Clément-Théodore Dubois (1837–1924), der wie Bizet bei Marmontel und Benoist studiert hatte und zu dieser Zeit gerade als Preisträger in Rom war, nahm sich zehn Jahre später des Librettos an. Seine Vertonung wurde 1873 am Théâtre Lyrique uraufgeführt, blieb aber der einzige dramatische Versuch des später bedeutenden Kirchenkomponisten und Theoretikers

72 Benjamin Godard (1849–95), Konservatoriumsprofessor und Komponist (Salonmusik und auch Opern wie «Jocelyn», 1888)

73 Mit einem Musiker namens Cheri. Vgl. Mina Curtiss, S. 144

74 Adrien Barthe (1828–98): «La fiancée d'Abydos»
75 Im Begleittext der Schallplatte mit Auszügen aus *Ivan IV.* (Pathé Marconi 2908631) unter dem Dirigenten Georges Tzipine, 1957
76 Auch Henri Busser behauptet dies im Vorwort seiner *Ivan*-Ausgabe, wie auch, daß statt *Ivan* sofort *La jolie fille de Perth* am Théâtre Lyrique aufgeführt worden sei. Letzteres ist mit Sicherheit nicht wahr, das erste entspricht mit hoher Wahrscheinlichkeit nicht den Tatsachen
77 Unter dem Titel «König Turpin» an den merowingischen Hof des 6. Jahrhunderts verlegt. Nach Dean (dt. Ausgabe), S. 378
78 Hans J. Moser: Musikgeschichte in 100 Lebensbildern, Stuttgart 1958, S. 756
79 Grove's Dictionary of Music and Musicians, London 1980, S. 762
80 Nach Auskunft von Frau Claire Luz-Fassbender, die in der Aufführung die Arien des Jeune Bulgare und der Marie gesungen hat
81 Dokumentiert auf einer Schallplattenkassette der Firma Voce Nr. 22
82 Als «Iwan» in der Übersetzung von Fritz Schröder an der Kölner Oper in ihrer damaligen Behelfsspielstätte, der Universitätsaula, in der Spielzeit 1951/52 unter der musikalischen Leitung von Richard Kraus mit Anny Schlemm als Marie
83 Zitiert nach den Anmerkungen von Michel Poupet im Beiheft der Schallplattenaufnahme sämtlicher Klavierwerke Bizets (Le chant du monde LDC 278.776/7)
84 «... Dans ses golfes d'azur, où les aigles vont boire, / dans les nefs de ses bois, divin conservatoire, / il créa Glück, Weber, Beethoven et Mozart.» J. Méry: Chants du Rhin, zitiert nach M. Muller, L'œuvre pianistique originale de Georges Bizet, Yverdon 1976, S. 96
85 Nr. 6 aus «Kinderszenen» op. 15
86 Dean (dt. Ausgabe), S. 206
87 Peter Gradenwitz: Félicien David and French Romantic Orientalism, Musical Quarterly 62/1976, S. 502
88 Richard Wagner: Trois mélodies, Paris 1839. Pierre de Ronsard (1525–85) war ein französischer Renaissancedichter in Petrarca-Nachfolge
89 Mélodies de la Belle Époque, Teldec 8.43754 ZK
90 Das Entstehungsdatum ist nicht bekannt. Es erschien 1872 bei Choudens
91 «Le château de Kenilworth ou Le Comte de Leicester» von Auber (1823), Donizettis «Elisabetta al castello di Kenilworth» (1829), «La donna del lago» von Rossini (1819)
92 In: Kindlers Literatur Lexikon, München 1986, S. 9067
93 Unter dem Dirigenten Georges Prêtre bei der Firma Pathé Marconi/EMI
94 Max Kalbeck: Wiener Opernabende, Berlin o. J. (1885), S. 190f
95 Lettres S. 146
96 Nach dem französisches Bariton Jean-Blaze Martin (1768–1837) benannter Stimmtypus besonders hoher Lage
97 Sie hatte am Théâtre Lyrique 1864 in «La Traviata» Triumphe gefeiert, später trat sie an der Opéra auf und war dort die erste Marguerite in der durchkomponierten Fassung von Gounods «Faust»
98 In einem Brief vom Februar 1894, zit. nach: Hugo Wolfs Briefe an Melanie Köchert, Tutzing 1964
99 Bizet selbst gab 1868 nur die *Quatre Transcriptions par l'Auteur* für Klavier als *morceaux détachés* aus der Oper heraus
100 Siegfried Kracauer: Jacques Offenbach und das Paris seiner Zeit, Frankfurt a. M. 1976, S. 159
101 Ebenda
102 Lettres S. 158
103 Ebenda S. 119
104 Beide wurden erst 1877 uraufgeführt

105 Zitiert nach Dean (dt. Ausgabe), S. 371 f
106 Lettres S. 160
107 Bizet erwähnt außer Délibes noch Émile Jonas und Isidore Édouard Legouix als Mitarbeiter an dieser Operette, Lettres S. 234. Nach dem Opernlexikon von Franz Stieger, Tutzing 1978, war auch noch Bernard Courtois, genannt Bernardin, beteiligt
108 Vorwort zu Claude Glayman (Hg.): Lettres (von Georges Bizet), Paris 1989, S. 12
109 Ebenda S. 168
110 Eugenio Díaz de la Peña (1837–1901) hatte aber immerhin 1865 an der Opéra Comique einen «König Kandaules» herausbringen können. Später, 1890, gab man dort seinen «Benvenuto Cellini»
111 «La Grand' Tante», 1867
112 Lettres S. 272. Marie Trélat war Sängerin und Gesangspädagogin, Bizet widmete ihr das Lied *Berceuse*
113 Weitere Teile Bizetscher Kompositionen wurden von fremder Hand in die Partitur von «Noé» aufgenommen (vgl. Winton Dean: Bizet's Self-Borrowings, in: Music & Letters 41/1960)
114 Prosper Mérimée: Lettres a M. Panizzi, Paris 1881, zitiert nach Otto Zierer: Neue Weltgeschichte, Stuttgart 1966, Band 3, S. 260
115 Lettres S. 187
116 Alphonse Daudet: Montagsgeschichten, dt. von Lieselotte Ronte, München 1981, S. 38f
117 Grove's Dictionary of Music and Musicians, London 1980, S. 758
118 M. Cooper: Bizet, London 1938, S. 101
119 In: Der Konzertführer, hg. von A. Csampai und D. Holland, Reinbek 1987, S. 446
120 Zunächst unter dem Pseudonym Aristop. Hanes, dann (1873) im 9. Band der «Sämtlichen Schriften und Dichtungen», S. 3
121 Richard Wagner: Gesammelte Schriften und Dichtungen, Bd. 9, Leipzig 1907, S. 12
122 H. Ch. Wolff: Der Orient in der französischen Oper des 19. Jahrhunderts, in: Heinz Becker (Hg.), Die couleur locale in der Oper des 19. Jahrhunderts, Regensburg 1976, S. 380
123 Eduard Hanslick: Aus neuer und neuester Zeit, Berlin 1908, S. 119
124 Auch das letzte Finale von Mozarts «Entführung» ist Vaudeville betitelt
125 Dean (dt. Ausgabe), S. 269
126 Im Beiheft der Schallplattenaufnahme Erato ECD 75385
127 Bei der Firma Decca, dirigiert von Albert Wolff
128 1886 veröffentlichte er eine Gesangslehre unter dem Titel «La voix et le chant, traité pratique»
129 Dean (dt. Ausgabe), S. 144
130 Charles Pigot: Georges Bizet et son œuvre, Paris 1886, S. 190
131 Mina Curtiss, S. 355
132 Dean, S. 143
133 Walter Felsenstein: Schriften zum Musiktheater, Berlin 1976, S. 232
134 «Le café du roi» und «Le Bourguignonnes»
135 «Die Millionenbäckerin», uraufgeführt an den Variétés, und «La Créole» an den Bouffes Parisiennes
136 «El Arreglito»
137 «La Tragédie de Carmen», 1983 (Filmversion Alby-Film/Antenne 2)
138 Kurt Honolka: Kulturgeschichte des Librettos, Wilhelmshaven 1979, S. 115
139 Rudolf Kloiber/Wulf Konold: Handbuch der Oper, 5. Aufl., Kassel 1985, Bd. 1, S. 83
140 Martin Cooper: Georges Bizet, London 1938, S. 129

Zeittafel

1838 Georges Bizet am 25. Oktober in Paris geboren
1842 Der junge Georges lernt Buchstaben und Noten lesen bei der Mutter Aimée Bizet. – Auber wird als Nachfolger des verstorbenen Cherubini Direktor des Pariser Conservatoire. Geburt Jules Massenets
1847 Vater Adolphe Bizet versucht, den begabten Sohn schon vor Erreichen des Mindestalters als Student am Conservatoire aufnehmen zu lassen. Im November stirbt Felix Mendelssohn Bartholdy in Leipzig
1848 Revolution in Paris, Louis-Philippe dankt ab, Louis-Napoléon wird Präsident der Zweiten Republik. Georges Bizet besteht die Aufnahmeprüfung am Conservatoire und wird Schüler des Pianisten Marmontel
1849 Zusätzlich Kompositionsunterricht bei Zimmermann und dessen Schwiegersohn Gounod. In Bergamo stirbt Donizetti
1850 Erste Kompositionen
1852 Premier Prix im Fach Klavier und Wechsel in eine Orgelklasse des Konservatoriums. Zweites Kaiserreich: Louis-Napoléon wird Napoleon III.
1853 Beginn des Kompositionsstudiums bei J. F. Halévy
1854 Eine *Grande Valse de concert* wird mit *opus 1* bezeichnet. Erste gedruckte Kompositionen, Klavierauszug von Gounods «La Nonne sanglante»
1855 Premier Prix im Fach Orgel und Fuge. Komposition der *C-Dur-Symphonie.* Offenbach gründet die Bouffes-Parisiens
1856 Vergebliche Bewerbung um den Rom-Preis. Erfolg mit der Operette *Le Docteur Miracle* bei einem von Offenbach veranstalteten Wettbewerb. Robert Schumann stirbt in Endenich bei Bonn
1857 Begegnung mit Rossini. Prix de Rome für die Kantate *Clovis et Clotilde*. Im Dezember Abreise nach Rom
1858 Ab Ende Januar Stipendiat in der Villa Medici, Komposition des *Te Deum*. In diesem Jahr werden in Italien Leoncavallo und Puccini geboren
1859 Die erste Oper *Don Procopio* wird abgeschlossen, Bizet sieht Verdis «Un ballo in maschera», komponiert *Vasco da Gama* und bittet um Verlängerung des Rom-Aufenthalts. Im Mai Kriegserklärung Frankreichs an Österreich. – Wagner beendet die «Tristan»-Partitur
1860 Beginn der Arbeit an *Roma*. Norditalien-Reise. In Venedig erfährt Bizet von der Krankheit seiner Mutter und kehrt nach Paris zurück
1861 Kompositionsauftrag der Opéra Comique: *La Guzla de l'Émir*. Kleinere symphonische Arbeiten, Unterstützung Gounods bei dessen Opernvorbereitungen. Tod der Mutter im September
1862 J. F. Halévy stirbt im März. Geburt eines unehelichen Sohns im Juni. Reise nach Baden-Baden im August u. a. zur Aufführung von Berlioz' «Beatrice et Bénédict»

1863 Pasdeloup dirigiert Werke Bizets. Dieser zieht *La Guzla de l'Émir* von der Aufführung an der Opéra comique zurück und komponiert *Les pêcheurs de perles* für das Théâtre Lyrique. Uraufführung Ende September, die kein großer Erfolg ist, aber den Auftrag für *Ivan IV.* einbringt

1864 Der Vater kauft das Grundstück in Le Vésinet. Arbeit an *Ivan IV.* Tod Meyerbeers

1865 Beginn des Briefwechsels mit dem Korrespondenz-Kompositionsschüler Edmond Galabert. Gelegenheitsarbeiten für verschiedene Verleger. Die Hoffnung, *Ivan IV.* aufgeführt zu sehen, muß begraben werden

1866 Arbeiten an schon früher begonnenen Werken, Lieder, Arragements. In der zweiten Jahreshälfte entsteht *La jolie fille de Perth*, deren Uraufführung aber u. a. wegen des Erfolgs von Gounods «Roméo et Juliette» aufgeschoben wird. Offenbachs «Pariser Leben»

1867 Weltausstellung in Paris. Uraufführung von Verdis «Don Carlos» an der Opéra. Erfolglose Teilnahme an Kompositionswettbewerben. Im Dezember endlich Premiere der *Jolie fille*

1868 Gelegenheitsarbeiten. Symphonie *Roma* beendet. Beginn der Komposition von *La coupe du Roi du Thulé* für einen Wettbewerb der Opéra. *La jolie fille de Perth* wird in Brüssel aufgeführt. *Variations chromatiques* für Klavier. Im November stirbt Rossini

1869 *La coupe du Roi du Thulé* wird von der Jury negativ beurteilt. Pasdeloup führt die drei neuen Sätze von *Roma* auf. Im Juni Heirat mit Geneviève Havély. Juror beim Prix de Rome. Im März wird Berlioz feierlich beerdigt

1870 Arbeit an später nicht weitergeführten Werken, Gelegenheitskompositionen, Nationalgardist im Französisch-Deutschen Krieg

1871 Während der Tage der Commune auf dem Land. Ablehnung der Oper *Griselidis*, statt dessen Auftrag von der Opéra Comique für *Djamileh*. Auber stirbt. Komposition von *Jeux d'enfants* für Klavier zu vier Händen

1872 Uraufführung von *Djamileh*. Geburt des Sohnes Jacques. Komposition von *L'Arlésienne* – Mißerfolg des Gesamtwerks, die *Arlésienne*-Suite findet aber großen Beifall im Konzertsaal. Erste Gedanken an *Carmen*

1873 Tod Napoleons III. Arbeit an *Don Rodrigue*, der nicht vollendet wird (keine Aufführungschance, da die Opéra abgebrannt ist), nach Motiven daraus entsteht die Ouvertüre *Patrie!...* Erfolge der *Petite suite* für Orchester nach *Jeux d'enfants*. Arbeit an *Carmen*

1874 Arbeit – im Sommer in Bougival – an *Carmen*, zu der die Proben an der Opéra Comique im September beginnen

1875 Die neue Opéra (Palais Garnier) wird im Januar eröffnet. Bizet wird Ritter der Ehrenlegion. Am 3. März Uraufführung von *Carmen* an der Opéra Comique. – Maurice Ravel wird geboren. – Der sorglose Umgang mit den Symptomen einer inzwischen chronischen Krankheit führt zu gravierenden Komplikationen; Georges Bizet stirbt am 3. Juni in Bougival

Zeugnisse

Eduard Hanslick
Brahms kennt geradezu alles. Am wenigsten liegt ihm Opernmusik am Herzen. «Du weißt, ich verstehe nichts vom Theater», pflegt er zu sagen, wenn er schon nach dem ersten Akt einer neuen Oper, die ich mit Interesse anhöre, Reißaus nimmt. Von den modernen Opern schätzt er vor allem *Carmen* und achtet Bizet als ein großes Talent. «Aus meinem Leben», Bd. 2, Berlin 1880

Peter I. Tschaikowsky
... so muß ich leider zugeben, daß die deutsche Musik sich auf einem absteigenden Ast befindet und daß die meisten Werke nur Nachahmungen von Mendelssohn und Schumann einerseits und Liszt und Wagner andererseits sind. In Frankreich hört man dagegen etwas Neues, Frisches, Starkes. Bizet überragt natürlich alle anderen ... – Bizet ist ein Künstler, der mit seiner Zeit geht, aber doch von echter Inspiration durchglüht wird.
1880/83. Aus: «Briefwechsel mit Nadeshda von Meck», Leipzig 1964

Camille Saint-Saëns
... jetzt fragt man sich, warum dieser bezaubernde Musiker, dieser liebenswürdige und fröhliche Bursche auf seinem Weg so vielen Hindernissen begegnet ist. Wenn das Publikum zu einem so schroffen, einen unerreichbaren Gipfel besetzenden Genius, wie Berlioz es war – wenn es zu dem nur schwer Zugang findet, so ist das nur natürlich. Aber Bizet! – die Jugend, der Schwung, die Fröhlichkeit, die menschgewordene gute Laune! ... Er suchte vor allem nach Leidenschaft und Leben, ich rannte der Schimäre der Stilreinheit und der vollendeten Form hinterher ... Bizet war kein Rivale, er war Waffenbruder.
Um 1883. Aus: Saint-Saëns, «Musikalische Reminiszenzen», Leipzig 1978

Paul Voss
In erster Linie bestrebt er sich, die alten Maximen der Oper auszurotten. Die bisherigen Bahnen, in denen sie nach der Schablone wandelte, mußten verlassen werden. Der Kern seiner reformatorischen Idee war: eine eingehendere musikalische Gestaltung der Charaktere und Ausmalung der Situationen.
«Georges Bizet», Leipzig o. J. (1899)

Claude Debussy
Leider starb dieser zu früh, und obgleich er ein Meisterwerk hinterließ, wurde das Schicksal der französischen Musik in Frage gestellt. Sie gleicht nun einer jungen

Witwe, die, da sie niemanden an der Seite hat, der stark genug wäre, sie zu führen, sich in die Arme Fremder wirft, die sie mißhandeln.

Um 1902. Aus: Debussy, «Einsame Gespräche mit Monsieur Croche», Leipzig 1975

Adolf Weissmann

...der Theatermann in ihm verachtete die alte Form nicht, befreite sie nur von allem, was Primadonneneitelkeit ihr angehängt, und stellte sie in den Dienst der Wahrheit. «Bizet», Berlin 1907

Anatolij Lunatscharskij

Das Leben ist in der Musik von Bizet bis zu einem blendenden Funkeln geführt, und in diesem blendenden Funkeln angespannter Leidenschaft und menschlich-tierischen Triumphs erklingen die ganze Zeit über die Töne eines unglücklichen Schicksals, verflechten sich Liebe und Tod ineinander.

1922. Aus: Lunatscharskij, «Musik und Revolution», Leipzig 1985

Martin Cooper

Bizets Tragik liegt nicht in den Widerständen, die er zu Lebzeiten erfuhr, denn er hatte durchaus ansehnlichen Erfolg. Er war ein großer Musiker, und alle seine späteren Werke zeigen einen außergewöhnlichen musikalischen Instinkt und ein Feingefühl in der Orchestrierung, die nicht oft wieder erreicht und selten übertroffen wurden. Seine Tragik lag darin, daß er sich spät entwickelte und jung starb, so daß er nur wenige Jahre der Reife erlebte. Auch als seine Begabung auf ihrem Höhepunkt war, war sie unspektakulär, denn sie war typisch französisch und deshalb leicht zu unterschätzen. «Georges Bizet», London, New York, Toronto 1938

Alfred Einstein

Bizet... das glückliche und beglückende Beispiel einer vollen Harmonie der Begabung: Harmonik, Melodik (inbegriffen die polyphonen Einfälle), Rhythmik sind bei ihm gleichmäßig betont und zu einer runden und netten Einheit verschmolzen.

1941. Aus: Einstein, «Größe in der Musik», Kassel 1980

Othmar Schoeck

Da stehen nur ein paar wenige Noten; aber die hüpfen dann davon! Bizet, das ist ein Meister!

1955. Aus: Werner Vogel, «Othmar Schoeck im Gespräch», Zürich 1965

René Leibowitz

Carmen stellt eine wahrhaftige Synthese der Opernkunst des 19. Jahrhunderts dar... erscheint sie uns nicht wie die Oper «par excellence»?

«Histoire de l'Opéra», Paris o. J. (1957)

Hans Joachim Moser

An seinem Notenschreibtisch entfaltete der stille Könner gleichwohl erstaunliche Strategie der Bühnenwirkungen, scharfe Menschenkenntnis, präzis profilierende Personenzeichnung... Er spricht immer unverkennbares Musikfranzösisch und verwandelt es trotzdem gern... in die Traumsprache orientalischer Nächte... *Carmen* stellt, wenn man vom dritten Meister jener Epoche, Verdi, absieht, die große andere Möglichkeit der Operngestaltung neben Wagner im Stadium der Hochromantik dar. Bizet hat diese «potentielle» zu prächtig beherrschter «kinetischer» Energie entbunden.

«Musikgeschichte in 100 Lebensbildern», Stuttgart 1958

Werkverzeichnis

UA bedeutet Uraufführung, EA Erstaufführung

1. Musikalische Bühnenwerke

La maison du docteur, opéra comique in einem Akt, Text von Henry Boisseaux (1855). Nicht öffentlich aufgeführt. Ms. des Klavierauszugs in der Bibliothèque Nationale, Paris

Le Docteur Miracle, Operette in einem Akt, Text von Léon Battu und Ludovic Halévy (1856). UA Paris 9. April 1857. Publiziert in den Éd. Françaises de Musique 1962

Don Procopio, opera buffa in zwei Akten, Text von Carlo Cambiaggio (1858/59). Ms. in der Bibliothèque Nationale, EA in französischer Sprache in der Fasssung von Charles Malherbe, Monte Carlo 10. März 1906. Éd. Choudens 1905

Ivan IV., Oper in fünf Akten, Text von François Hippolyte Leroy und Henri Trianon (1862/63), fünfter Akt im erhaltenen Ms. nicht vollständig. UA Manchester 1975 (konzertant). Bearbeitung von Henri Busser in vier Akten, EA Bordeaux 1951. Éd. Choudens 1951

Les pêcheurs des perles, Oper in drei Akten, Text von Michel Carré und Eugène Cormon (1863). UA Paris 30. September 1863. Éd. Choudens 1863 (Klavierauszug); kritische Ausgabe von Michel Poupet ebd. 1975

La jolie fille de Perth, Oper in vier Akten, Text von J. H. Vernoy, Saint Georges und Jules Adenis (1866). UA Paris 28. Dezember 1867. Éd. Choudens 1867 (Klavierauszug)

Malborough s'en va-t-en guerre, Operette, erster von vier Akten, die übrigen stammten von anderen Komponisten (1867). UA Paris 13. Dezember 1867. Ms. verloren

La coupe du Roi de Thulé, Oper in drei Akten, Text von Louis Gallet und Édouard Blau (1868/69). Komposition für einen Wettbewerb, nicht aufgeführt. Fragmente des Manuskripts in der Bibliothèque Nationale

Djamileh, opéra comique in einem Akt, Text von Louis Gallet (1871). UA Paris 22. Mai 1872. Éd. Choudens 1872

(Sol-si-re-pif-pan, Operette in einem Akt, Text von William Busnach. UA Paris 16. November 1872. Ms. verloren, Autorenschaft Bizets ist zweifelhaft)

Don Rodrigue, Oper in fünf Akten, Text von Louis Gallet und Édouard Blau (1873). Skizzen in der Bibliothèque Nationale, die Ouvertüre wurde später veröffentlicht als: Trauermarsch h-moll, UA Paris 12. Dezember 1880. Éd. Choudens 1881

Carmen, opéra comique in vier Akten, Text von Henri Meilhac und Ludovic Halévy (1873/74). UA Paris 3. März 1875. Éd. Choudens, mit nachträglich komponierten Rezitativen; kritische Neuausgabe von Fritz Oeser, Kassel 1964

2. Musik zu Bühnenwerken

L'Arlésienne, Musik zu Alphonse Daudets Schauspiel in drei Akten (1872). UA Paris 1. Oktober 1872. Éditions Zeaux Musique/Bibl. Nationale, Paris 1984; Klavierauszug Éd. Choudens 1872

3. Orchesterwerke

Erste Ouvertüre (ca. 1855). UA Paris 26. Oktober 1938. Universal-Edition 1972

Symphonie in C-Dur (1855). UA Basel 26. Februar 1935. Universal-Edition

La chasse d'Ossian, Ouvertüre (1861). Ms. verloren

Scherzo und Trauermarsch f-moll. UA Paris November 1861. (Nur Ms.) Scherzo später übernommen in:

Roma, Symphonie in C-Dur (1860–68, rev. 1871). UA Paris 28. Februar 1869. Éd. Choudens

Petite suite (1871), Orchesterfassung der Sätze 2, 3, 6, 11 und 12 aus Jeux d'enfants (siehe Klavierwerke). UA Paris 2. März 1873. Éd. Durand. Des weiteren instrumentierte Bizet auch Nr. 8 (nicht gedruckt, unaufgeführt, Ms. in der Bibliothèque Nationale)

Suite in vier Sätzen aus L'Arlésienne (1872). UA Paris 10. November 1872. Éd. Choudens. Nur diese «erste» Arlésienne-Suite ist von Bizet selbst autorisiert. Die als «zweite» Suite bekannte Zusammenstellung von Kompositionen zu Daudets «L'Arlésienne» wurde von Ernest Guiraud arrangiert und enthält auch Musik aus La jolie fille de Perth

Patrie!... Ouvertüre (1873). UA Paris 15. Februar 1874. Éd. Choudens

4. Werke für Tasteninstrumente (wenn nicht anders angegeben für Klavier)

Alle Werke ohne Editionsangabe: Éd. Mario Bois, Paris 1984 (nach den im Besitz der Bibliothèque Nationale befindlichen Ms.)

Quatre préludes (C-Dur, a-moll, G-Dur und e-moll)

Walzer in C-Dur

Thème brillant C-Dur

Deux caprices, cis-moll und C-Dur (1851)

Romance sans paroles C-Dur

Grand Valse de concert Es-Dur (1854)

Drei Stücke, veröffentlicht im «Magasin des Familles», Paris 1854: Romance sans paroles, Casilda, Méditation religieuse

Nocturne Nr. 1 F-Dur (1857)

Drei musikalische Skizzen: Ronde turque, Sérénade, Caprice (1858), auch für Harmonium

Chasse fantastique (etwa 1865). Éd. Heugel

Six chants du Rhin: Aurore, Départ, Rêves, La Bohémienne, Confidences, Retour (1865). Éd. Heugel

Variations chromatiques (1868). Éd. Hartmann

Marine (1868), ursprünglicher Titel: Chanson du matelot, souvenir d'Ischia. Éd. Hartmann

Nocturne Nr. 2, D-Dur (1868). Éd. Hartmann

Jeux d'enfants für Klavier zu vier Händen (1871):
1. L'escarpolette, 2. La toupie, 3. La poupée, 4. Les chevaux de bois, 5. Le volant, 6. Trompette et Tambour, 7. Les bulles de savon, 8. Les quatre coins, 9. Colin-maillard, 10. Saute-mouton, 11. Petit mari, petite femme, 12. Le bal. Éd. Durand (fünf Stücke davon später in Orchesterfassung als Petite suite)

Causerie sentimentale (1871). Ms. im Privatbesitz

Des weiteren zahlreiche Bearbeitungen eigener und fremder Werke für Klavier zu zwei, vier und auch acht Händen

5. Weitere Instrumentalwerke

Werke, die im Unterricht bei Halévy oder für Konservatoriumsprüfungen entstanden:
Vierstimmige Fugen u. a. nach Themen von Auber, Halévy und Thomas (Ms. Bibliothèque Nationale)

Duo für Violoncello und Fagott c-moll (1874). Éd. Musica rara 1970

6. Mélodies (Kompositionen für eine Singstimme mit Klavierbegleitung)

a) Zu Bizets Lebzeiten im Druck erschienene Mélodies in chronologischer Reihenfolge

Petite Marguerite und La rose et l'abeille (Texte von Olivier Rolland)
(Cendrier 1854)

La Foi, l'Espérance et la Charité (Rousseau de Lagrave)
(privat 1854)

Vieille chanson (Millevoye)
(Choudens 1865)

A une fleur und Adieux à Suzon (Alfred de Musset)
Sonnet (Ronsard)
Guitare (Victor Hugo)
Rose d'amour (Millevoye)
Le grillon (Alphonse de Lamartine)
(«Feuilles d'album», Heugel 1866)

Adieux de l'hotesse arabe und Après l'hiver (Victor Hugo)
Douce mer (Lamartine)
Chanson d'Avril (Louis Bouilhet)
(Choudens 1867)

Pastorale (Regnard)
Rêve de la bien-aimée (Louis de Courmont)
Ma vie a son secret (Felix Arvers)
Berceuse (Marceline Desbordes-Valmore)
La chanson du fou und La coccinelle (Hugo)
(Hartmann 1868)

L'Esprit Saint (?)
Tarantelle (Édouard Pailleron)
(Hartmann 1869)

Absence (Théophile Gautier)
Chant d'amour (Lamartine)
(Choudens 1872)

Vous ne priez pas (Casimir Delavigne)
(Choudens 1873)

b) Nicht veröffentlichte Manuskripte im Bestand der Bibliothèque Nationale, Paris:

L'âme triste est pareille au doux ciel (Lamartine)
Le colibri (Alexandre Flan)
Oh, quand je dors (Hugo)
Vœu (Hugo)

Postum wurden auch nachgelassene Opernskizzen als Lieder mit neuen Texten herausgegeben, die somit nicht autorisiert und hier nicht angeführt sind. Auszüge aus abgeschlossenen Bühnenwerken, die als Lieder zweitveröffentlicht wurden, und Volksliedbearbeitungen wurden ebenfalls nicht berücksichtigt.

7. Weitere Vokalwerke

Sofern nicht anders angegeben als Ms. in der Bibliothèque Nationale, Paris

Vocalise für Tenorstimme C-Dur, 1850

Vocalise für zwei Sopranstimmen F-Dur (Barcarolle), 1850

Chœurs d'étudiants (Eugène Scribe) für Männerstimmen und Orchester, o. J.

Walzer G-Dur für gemischten Chor und Orchester, 1855

David, Kantate (1856), verloren

Fünf Kantatenskizzen im Zusammenhang mit Bewerbungen um den Prix de Rome (1855–57): L'Ange et Tobie (Léon Halévy), Héloïse de Montfort (Émile Deschamps), Le Chevalier enchanté (Marquis de Pastoret), Herminie (Vinaty), Le retour de Virginie (Rollet)

Le Golfe de Bahia (1856) für Sopran oder Tenor, Chöre und Klavier (Lamartine). Choudens 1880

La chanson du rouet, für Solostimme, Chor und Klavier (Leconte de Lisle), später (1860) von Choudens mit anderem Text (Édouard Blau) veröffentlicht

Clovis et Clotilde (1857), Kantate (Amédée Burion). UA 1988 Soissons. Choudens

Te Deum für Solisten, Chor und Orchester (1858). UA 1971. Simrock, Hamburg 1971

Vasco da Gama, symphonische Ode (Louis Delatre), 1859/60. Choudens 1880

Saint-Jean de Pathmos für vierstimmigen Männerchor (etwa 1866) (Victor Hugo). Choudens 1880 .

Les noces de Prométhée (Kantate für einen Wettbewerb), verloren

La mort s'avance für gemischten Chor und Orchester (Abbé Pellegrin), 1869

La fuite Duo (Théophile Gauthier), 1870. Choudens 1872

Bibliographie

1. Briefe und Aufzeichnungen Bizets

Lettres (1850–75). Choisies et présentées par Claude Glayman. Paris 1989
Lettres. Impressions de Rome, 1857–60. La Commune, 1871. Hg. von Louis Ganderax. Paris 1908
Briefe aus Rom 1857–60. Hg. und übers. von Walter Klefisch. Hamburg 1949
Lettres à un ami, 1865–72. Hg. von Edmond Galabert. Paris 1909
Causerie musicale. In: Revue nationale et étrangère, 3. August 1867 (Ps. Gaston de Betzi)
Briefwechsel mit Charles Gounod. In: Revue de Paris, 15. Dezember 1899
Briefe an Paul Lacombe. In: Hugues Imbert, Portraits et études. Paris 1894
Briefe an Ernest Guiraud. In: Louis Gallet, Notes d'un librettiste. Paris 1891
Unveröffentlichte Briefe. In: Mina Curtiss, Unpublished Letters by George Bizet. The Musical Quarterly 3/1950

Notes de voyage (Reiseaufzeichnungen), 1861. Ms. in der Bibliothèque Nationale, Paris

2. Gesamtdarstellungen

Bellaigue, Camille: Georges Bizet, sa vie et son œuvre. Paris 1891
Bondeville, Emmanuel: Georges Bizet tel qu'il fut. Paris 1975
Brancour, René: La vie et l'œuvre de Georges Bizet. Paris 1913
Bruk, Mira: Bizet. Moskau 1938
Cardoze, Michel: Georges Bizet. Paris 1982
Cooper, Martin: Georges Bizet. London 1938
Curtiss, Mina: Bizet and his World. New York und London 1958
Dean, Winton: Bizet. London 1948 und 1965 – Dt. von Konrad Küster. Stuttgart 1988
Delmas, Marc: Georges Bizet. Paris 1930
Galabert, Edmond: Georges Bizet. Souvenirs et Correspondance. Paris 1877
Gatti, Guido M.: Giorgio Bizet. Turin 1914
Gauthier-Villars, Henri: Bizet. Paris 1911 (Tatsächlich von Émile Vuillermoz)
Gerver, Frans: Georges Bizet. Brüssel 1945
Grélinger, Charles: Bizet. Paris o. J. (1915)
Imbert, Hugues: Georges Bizet. Paris 1899
Kremlev, J. U.: Georges Bizet. Leningrad 1935
Landormy, Paul: Bizet. Paris 1924
Lockspeiser, E.: Bizet. London 1946
Malherbe, Henry: Georges Bizet. Paris 1921

MASTRIGLI, LEOPOLDO: Giorgio Bizet – la sua vita e le sue opere. Rom 1888
Musica, Sondernummer Juni 1912
PARKER, D. C.: Georges Bizet, his life and his works. London 1926 und 1952
PIGOT, CHARLES: Georges Bizet et son œuvre. Paris 1886
Rabe, Julius: Georges Bizet. Stockholm 1925
RATIU, ILEANA: Bizet. Bukarest 1974
Revue de Musicologie, Sondernummer 11/1938
ROBERT, FRÉDÉRIC: Georges Bizet. Paris 1965
ROY, JEAN: Bizet. Paris 1983
STEFAN, PAUL: Georges Bizet. Zürich 1952
VELIKOVICH, E. J.: Georges Bizet. Leningrad 1969
VOSS, PAUL: Georges Bizet. Leipzig 1899
VUILLERMOZ, ÉMILE: siehe GAUTHIER-VILLARS
WEISSMANN, ADOLF: Bizet. Berlin 1907
WRIGHT, LESLIE ALLISON: Bizet before Carmen. (Diss. Princeton Univ.) Ann Arbor 1983

3. Zeitschriftenbeiträge (allgemein), Essays, Zeugnisse

BERLIOZ, HECTOR: Les musiciens et la musique. Paris 1903
BERTON, PIERRE: Souvenirs de la vie de théâtre. Paris 1913
CHANTAVOINE, JEAN: Le Centenaire de Georges Bizet. In: Le Ménestrel, 21.–28. Oktober 1938
CLOSSON, ERNEST: Nietzsche et Bizet. In: Revue musicale 3/1922
COOPER, MARTIN: Georges Bizet. In: Heritage of Music, Vol. III, London 1951
CURTISS, MINA: Bizet, Offenbach and Rossini. In: The Musical Quarterly 3/1954
DEAN, WINTON: Bizet after 100 years. In: The Musical Times, London 1975
ESCUDIER, LÉON: G. B. (Nachruf). In: L'Art musical, 10. Juni 1875
Exposition Georges Bizet au Théâtre National de l'Opéra. Illustrierter Katalog, Paris 1938
FORTASSIER, P.: Musique et livret dans les opéras de Berlioz, Gounod, Bizet. In: Cahiers de l'Association internationale des Études Françaises XVII, 1965
GALLET, LOUIS: Notes d'un librettiste. Paris 1891
GOLDSCHMIDT, HARRY: Georges Bizet. In: Ders., Um die Sache der Musik, Leipzig 1976
HALÉVY, DANIEL: Souvenirs de famille. In: Revue de Musicologie, 11/1938
IMBERT, HUGUES: Portraits et études. Lettres inédites de Georges Bizet. Paris 1894
–: Medaillons contemporains. Paris 1903
JULLIEN, ADOLPHE: Musiciens d'aujourd'hui. Paris 1892
KLEIN, J. W.: Nietzsche und Bizet. In: The Musical Quarterly X, 1925
–: Nietzsches Attitude to Bizet. In: Musical Review XXI, 1960
–: Bizet and Verdi, an Antagonism. In: Musical Review XXIV, 1963
LALO, PIERRE: De Rameau à Ravel – Portraits et souvenirs. Paris 1947
LANDORMY, PAUL: L'Hispanisme de Bizet. In: La Revue Musicale. Paris, 1. August 1923
LAPARRA, RAOUL: Bizet et l'Espagne. Paris 1935
MALHERBE, CHARLES: siehe SOUBIES, ALBERT
MARÉCHAL, HENRI: Paris – Souvenirs d'un musicien. Paris 1907
MARMONTEL, ANTOINE-FRANÇOIS: Symphonistes et virtuoses. Paris 1881
PITROU, ROBERT: De Gounod à Debussy. Paris 1957
POUPET, MICHEL: A propos de la mort de Bizet – une lettre inédite de Célestine Galli-Marié. In: Revue de Musicologie, Paris 1977
–: Gounod et Bizet. In: L'Avant-Scène Opéra Nr. 41, Paris 1982
REYER, ERNEST: Quarante ans de musique. Paris 1910

SAINT-SAËNS, CAMILLE: Portraits et souvenirs. Paris 1900
SÉRÉ, OCTAVE: Musiciens français d'aujourd'hui. Paris 1915
SERVIÈRES, GEORGES: Georges Bizet d'après les souvenirs de Pierre Berton. In: Le Guide musical, 8.–22. März 1914
SOUBIES, ALBERT: Historie du Théâtre-Lyrique, 1851–1870. Paris 1899
SOUBIES, ALBERT, und CHARLES MALHERBE: Histoire de l'Opéra-Comique. Paris 1892
TIERSOT, JULIEN: Un Demi-siècle de musique française, 1870–1917. Paris 1918
–: Bizet and Spanish Music. In: The Musical Quarterly, 4/1925
WILDER, VICTOR: Nachruf. In: Le Ménestrel 4.–18. Juli 1875

4. Zum Werk

a) allgemein

CHANTAVOINE, JEAN: Quelques Inédits de Georges Bizet. In: Le Ménestrel, 4. August–22. September 1933
DEAN, WINTON: An Unfinished Opera by Bizet. In: Music and Letters, Oktober 1947
–: Introduction to the Music of Bizet. London 1950
–: Bizets Self-Borrowings. In: Music and Letters, Juli 1960
KLEIN, J. W.: Bizets Early Operas. In: Music and Letters, April 1937

b) Carmen

ADORNO, THEODOR W.: Fantasia sopra Carmen (1955). In: Ders., Quasi una fantasia, Musikalische Schriften. Frankfurt a. M. 1963
L'Avant-Scène Opéra, Sondernummer Nr. 26, Paris 1980 – Deutsche Ausgabe: Der Opernführer, Nr. 4, Taufkirchen bei München o. J. (1990)
BAILBÉ, JOSEPH-MARC: Forme littéraire et intuition lyrique dans Carmen de Bizet. In: Histoire et litterature. Paris 1977
BREILER, ELLEN H.: Carmen. New York 1970 (Dover Opera Guide)
BURGESS, FRANCIS: Carmen. London 1905
CHARLOT, ANDRÉ und JEAN: A propos de la Millième de Carmen. In: L'Art du Théâtre, 1/1905
CHARPENTIER, GUSTAVE: La millième de Carmen. In: Le Figaro, Paris, 23. Dezember 1904
CHEVALLEY, H.: Carmen, textlich und musikalisch erläutert. Berlin 1907
COOPER, MARTIN: Carmen. London 1947
CSAMPAI, ATTILA, und DIETMAR HOLLAND (Hg.): Georges Bizet, Carmen. Texte, Materialien, Kommentare. Reinbek 1984
DAFFNER, HUGO: Friedrich Nietzsches Randglossen zu Bizets Carmen. Regensburg o. J. (1921)
DEAN, WINTON: Carmen, an attempt of a true evaluation. In: Music Review. Cambridge 1946
–: Carmen. London 1949
–: The true Carmen. In: The Musical Times. CVI, November 1965
–: The Corruption of Carmen: The Perils of Pseudo-Musicology. In: Musical Newsletter, Oktober 1973
FAURE, GABRIEL: La millième de Carmen. In: Le Figaro, Paris, 23. Dezember 1904
FELSENSTEIN, WALTER: Unverfälschte Carmen. In: WALTER FELSENSTEIN und JOACHIM HERZ: Musiktheater. Leipzig 1976
GABRYS, J.: Carmen. Krakau 1961
GAUDIER, CHARLES: Carmen de Bizet. Paris 1922
HALÉVY, LUDOVIC: La Millième Représentation de Carmen. In: Le Théâtre 1/1905

HÜHNE, FRITZ: Die Oper Carmen als Typus musikalischer Poetik. Greifswald 1915
IMSAN, DORA: Carmen – Charakter-Entwicklung für die Bühne. Darmstadt 1917
INGHELBRECHT, D. E.: Comment on ne doit pas interpréter Carmen... Paris 1933
ISTEL, EDGAR: Carmen – Die Novelle und das Libretto. Stuttgart 1923
–: Bizet und Carmen. Stuttgart 1927
KOERTH, M.: Felsenstein inszeniert Carmen. Arbeitsheft XII der Akademie der Künste der DDR, Berlin/DDR 1973
LEIBOWITZ, RENÉ: Carmen ou l'opéra par excellence. In: Histoire de l'Opéra. Paris 1957
MALHERBE, HENRY: Carmen. Paris 1951
NIETZSCHE, FRIEDRICH: Randglossen zu Bizets Carmen, siehe DAFFNER, HUGO
–: Der Fall Wagner. Leipzig 1888
NORTHCOTT, RICHARD: Bizet and Carmen. London 1916
OESER, FRITZ: Bizets Carmen in authentischer Gestalt. In: Jahrbuch der Komischen Oper IV, Berlin/DDR 1964
PHILIPS, E. H.: The Carmen Chronicle. The Making of an Opera. New York 1973
POUPET, MICHEL: Apropos de deux fragments de la partition originale de Carmen. In: Revue de Musicologie, Paris 1976
–: Autour d'un fragment de la partition de Carmen. Ebd., 1978
VELAY, F.: La première représentation de Carmen. In: Mémoires de l'Academie de Nîmes LV, 1961–65
VIMENAL, CH.: Bizet et Carmen. In: L'Art, Paris 1875
WRIGHT, LESLIE: A new source for Carmen. University of California 1978

c) Symphonie C-Dur
SHANET, HOWARD: Bizet's surpressed Symphony. In: The Musical Quarterly, 10/1958

d) Ivan IV.
CHANGEUR, JEAN-PAUL: Sechs Artikel. In: La Vie Bordelaise, 12. Oktober bis 16. November 1951
DEAN, WINTON: Bizets Ivan IV. In: Fanfare for Ernest Newman. London 1955

e) Les pêcheurs de perles
L'Avant-Scène Opéra, Nummer 124, Paris 1989
EMMANUEL, MAURICE: Une lettre de Berlioz à propos des Pêcheur de perles. In: Revue de Musicologie 2/1965
POUPET, MICHEL: Les infidélités des Pêcheur de Perles. In: Revue de Musicologie 2/1965

f) La jolie fille de Perth
KALBECK, MAX: Wiener Opernabende. Berlin o. J. (1885)
WESTRUP, JACK: Bizets La Jolie Fille de Perth. In: Essays presented to Egon Wellesz. Oxford 1966

g) Klavierwerke
MULLER, MONIQUE: L'Œuvre pianistique originale de Georges Bizet. Diss. Yverdon 1976

h) Mélodies
NOSKE, FRITS: La Mélodie française de Berlioz à Duparc. Paris 1954

i) Djamileh
HANSLICK, EDUARD: Aus neuer und neuester Zeit. Berlin 1908

k) Te Deum
WEILAND, JOSEF: Untergetaucht im Reich des Vergessens. In: Neue Zeitschrift für Musik, Oktober 1988

Namenregister

Die kursiv gesetzten Zahlen bezeichnen die Abbildungen

Über den Autor

Christoph Schwandt, geboren 1956 in Bad Homburg v. d. H., studierte an Musikhochschule und Universität in Frankfurt am Main. Danach war er als Chefdramaturg und in anderen Funktionen an den Theatern in Oldenburg, Bonn und Essen tätig. Arbeitet als Autor für Tageszeitungen, Rundfunk und Verlage.

Quellennachweis der Abbildungen

Roger-Viollet, Paris: 6, 16/17, 23, 27, 49, 54, 60, 87, 100, 102/103, 113, 129, 134
Stiftung Deutsche Kinemathek, Berlin: 8, 9
Sammlung des Autors: 12, 121, 136, 138
Bibliothèque Nationale, Paris: 14, 21, 33, 34, 42, 45, 52, 56, 75, 85, 91, 92, 96/97, 106, 117 (beide), 119, 126, 131, 132
Aus: Jean Roy: Bizet. Paris 1983: 19
Aus: Georges Bizet: Œuvres pour le piano. Les inédits et trois pièces du magasin des familles. Zusammengestellt von Michel Poupet. Paris 1984: 22
Ilse Buhs/Jürgen Remmler, Berlin: 29
Gerard Uferas/Agence VU, Paris: 30, 46, 108
Süddeutscher Verlag, München: 37, 78, 109
Rom, Villa Medici: 38
Bibliothek der Kunstakademie, Kopenhagen: 51
Musée des Beaux-Arts, Mulhouse (Foto: Photographie Giraudon, Paris): 59
Privatsammlung. © S.P.A.D.E.M./Isole Soleil 1990: 62
Aus: L'Avant Scène Opéra 124, Oktober 1989: «Bizet. Les pêcheurs des perles»: 64
Aus: Nikita Romanow und Robert Payne: Iwan der Schreckliche. Bern, München 1980: 67
Claire Luz-Fassbender, Freudenstadt: 70
Conservatoire National de Musique, Paris: 72, 99
Aus: Dessins de Victor Hugo. Katalog des Maison de Victor Hugo. © Paris Musées. Paris 1985: 73
Österreichische Nationalbibliothek, Wien: 82
Aus: Mina Curtiss: Bizet and his World. Westport, Conn. 1977: 104
Musée des Arts et Traditions Populaires, Paris. © Photo R.M.N.: 116
Aus: Die Musik: Hg. von Richard Strauss. Bd. 24 und 25: Bizet. Von Adolf Weissmann. Berlin 1907: 123, 124
Aus: Georges Bizet: Carmen. Klavierauszug. Kassel o. J.: 133
Paul Nadar/© Archives Photographiques Paris/S.P.A.D.E.M.: 135

Wir danken der Éditions du Seuil für die freundliche Unterstützung bei der Bildbeschaffung.